Edition Rotblatt
Iris Kater Verlag & Medienbüro

Erfolgsgefühle

Die emotionalen Grundlagen des Erfolges

Thomas Klüh

Die Deutsche Bibliothek verzeichnet diese Publikation in der Deutschen Nationalbibliografie; detaillierte bibliografische Daten sind im Internet über http://dnb.ddb.de abrufbar.

Bibliografische Information der Deutschen Bibliothek

Die textliche Gestaltung erfolgte durch den Autor.

ISBN 978-3-939061-30-4

2. Auflage 2007

katercom/rotblatt im Iris Kater Verlag © – Viersen
Tel. 02162-97 99 37; Fax 02162-97 99 35
www.rotblatt.com

Herstellung: Pbtisk s.r.o., Pribram

1. Inhalt

2. Vorwort

Dein persönlicher Erfolg – sei es im Berufs- oder Privatleben – ist in weitaus höherem Maße, als die meisten Menschen glauben, von deinen Emotionen abhängig. Dieses Buch gibt dir einfache Techniken an die Hand, mit denen du deine Gefühlswelt so steuern kannst, dass du dich bestmöglich weiterentwickeln wirst und in Stresssituationen das Maximum deines Potenzials ausschöpfen kannst. Wie die neuesten Ergebnisse der Gehirnforschung zeigen, ist es hierfür unabdingbar, eine stabile emotionale Basis zu haben, ja sogar glücklich zu sein.

Doch was bedeutet das in der Praxis? Da wir unsere Gefühle – ob bewusst oder unbewusst – selbst erzeugen, sollten wir sie nicht dem (scheinbaren) Zufall überlassen. Wenn du gut gelaunt bist, geht dir auch alles andere sehr leicht von der Hand. Du hast nicht das Gefühl, ein Problem zu haben, ganz gleich, was geschieht. Du betrachtest einfach alles aus einer anderen Perspektive, mit der es dir rundum gut geht, mit der du aber auch dein volles Potenzial nutzen kannst. Bislang glaubten die meisten, dass diese Gefühle „einfach so“ kommen und wieder gehen. Doch dies ist „zum Glück“ so nicht richtig. Wir können mit einfachsten Mitteln unsere Fähigkeit, Glücksgefühle zu erleben, trainieren. So wie ein Sportler seine Muskeln trainiert, können wir unser Gehirn gezielt darauf trainieren, die Gefühle zu erleben, die uns erfolgreich werden lassen.

So gilt es als Erstes, eine gewisse Souveränität zu erreichen, mit der du künftig nicht nur jegliche brenzlige Situation gelassen meistern kannst, sondern auch – was noch viel wichtiger ist – die vielen Glücksmomente, die dein Leben bereits bietet, erst einmal richtig wahrnehmen kannst. Um diese Souveränität zu erhalten, ist es lediglich notwendig, die Wahrheit zu erkennen. Denn in den meisten Fällen, in denen wir unangenehme Gefühle wie zum Beispiel Wut, Hass, Aggression, Verzweiflung, Schuldgefühle, Depressionen oder Ähnliches entwickeln, basieren diese Gefühle auf Informationen, die unser Unterbewusstsein auf Grund unserer Instinkte so verarbeitet, als würden wir noch in der Steinzeit leben.

Unser Emotionssystem entwickelte sich in einer Zeit, in der unser Lebensraum noch sehr viel lebensbedrohlicher als heute aussah. Daher basieren fast alle negativen Gefühle auf der unbewussten – und falschen – Annahme, wir seien in Gefahr. Wenn wir unseren Instinkten nun bewusst aufzeigen, wie die Welt von heute wirklich ist, werden wir das Leben anders bewerten, als wenn wir bestimmte Situationen in der heutigen Welt durch die Augen eines Steinzeitmenschen betrachten.

Auf der Basis dieser Souveränität kannst du dann sehr leicht trainieren, Glücksmomente des Lebens wahrzunehmen und die Gefühle, die dadurch entstehen, so weit anwachsen zu lassen, wie es dir beliebt. Doch hier geht es natürlich nicht um eine Dauereuphorie, bei der du nur noch lachend durch die Gegend läufst, glückselig in der Ecke sitzt und alles über dich ergehen lässt. Nein, es geht um die Gefühle, mit denen du deinen Erfolg bestmöglich forcieren kannst.

Durch diese Gefühlsausrichtung bekommst du eine andere Ausstrahlung, eine andere Energie, dein Immunsystem wird angeregt, deine Intuition wird geschärft, deine Wirkung auf Mitmenschen wird angenehmer, und du kannst dadurch deine Ziele einfacher verwirklichen. Auch deine Kreativität und sogar deine Intelligenz werden deutlich gefördert. Wissenschaftliche Tests haben ergeben, dass bei Intelligenztests die Tagesform einen signifikanten Unterschied ausmacht. Wenn man jedoch diese „Tagesform“ gezielt trainiert hat, fällt der Unterschied noch deutlicher aus. Andere Versuchsreihen ergaben, dass sich die subjektive Anziehungskraft eines Menschen verdreifacht, wenn er glücklich ist. All diese Faktoren bilden eine solide Grundlage für ein erfolgreiches Leben.

Mit dieser Wahrnehmung wirst du also nicht nur erfolgreich, du wirst auch unmittelbar glücklicher. Ich wünsche dir viel Spaß dabei!

3. Einleitung

Auf unserer Hochzeitsreise lernten wir – meine Frau Sabine und ich – ein Paar kennen, das uns gleich am ersten Abend mit zu einer Hafenbar nahm. Schon von weitem sah man, dass alle Bars im Umfeld leer waren – ich meine wirklich leer. Nur der Bereich von Francesco war voll – gestopft voll.

„Wir müssen heute mal da hin, weil Francesco uns gestern bei unserer Ankunft so geholfen hat. Wir waren nach der langen Fahrt schon ganz verzweifelt, weil wir unser Apartment nicht gefunden haben. Niemand wollte uns helfen. Aber Francesco hat gleich mit einigen Leuten telefoniert und uns danach den genauen Weg erklärt", sagte Gabi voller Dankbarkeit.

Nachdem die beiden sehr freudig von Francesco begrüßt und wir als Freunde vorgestellt wurden, hatten wir dort einen schönen Abend. Als Sabine und ich am nächsten Abend einfach nur am Hafen spazieren gehen wollten, winkte uns Francesco freudig zu:

„Hallo Sabine, hallo Thomas, wie war euer Tag heute?", wollte er wissen.

„Der kennt unsere Namen?“, wunderten wir uns.

Er war dabei jedoch vollkommen unaufdringlich. Er drängte uns nicht dazu, sein Restaurant zu besuchen, aber es war uns einfach nicht möglich, weiterzugehen. Wir saßen also wieder bei ihm und tranken eine Kleinigkeit. Wir bekamen sogar Tipps von ihm, wo man gut essen gehen konnte. Wohlgemerkt hatte er selbst eine recht große Speisekarte. Es kam, wie es kommen musste, wir saßen fast jeden Abend bei ihm, nur um mal eben Hallo zu sagen. Okay, noch 'ne Kleinigkeit getrunken und den abendlichen Hunger gestillt.

Der Kerl hatte wirklich Spaß an seiner Arbeit, und er mochte uns auch wirklich. Das spürte man einfach und verbrachte dann auch gerne seine Zeit bei ihm. Bei den anderen Barbesitzern hatte man eher das Gefühl, dass man gerade ungelegen kam.

Somit wurde mir klar, warum Francesco im Gegensatz zu seinen Kollegen sein Restaurant immer voll besetzt hatte, denn durch seinen Spaß an der Arbeit fühlte man sich zu ihm hingezogen – er war wie ein Magnet.

Genauso gerne erinnere ich mich an einen speziellen Eisverkäufer in einem anderen Urlaub. Eine lange Straße mit vielen Eisdielen, eine wie die andere, und allesamt leer. Die Eisverkäufer riefen uns noch einfältig nach, dass wir kommen sollten.

Doch plötzlich stieg mir ein Duft in die Nase – der Duft von frisch gebackenen Waffeln. Unwiderstehlich! Meine Nase zog mich immer mehr in diese Richtung – in Richtung einer langen Schlange. Ich hasse es, mich irgendwo anzustellen, aber wer meine lange Nase kennt, weiß, dass ich gegen sie keine Chance habe. Es war tatsächlich eine Eisdiele. Hier wurden die Waffeln für das Eis direkt frisch gebacken. Hier musste ich mich einfach anstellen. Dann ging die Show aber erst richtig los: Der Eisverkäufer legte die Bällchen nicht in die Waffeln, er warf sie gut einen Meter in die Luft und fing sie mit der Waffel auf. Doch es kam noch dicker:

„Mache Mund auf!“, sagte er in gebrochenem Deutsch energisch zu einer Passantin, die in der Schlange stand.

Diese gehorchte aufs Wort und öffnete ängstlich ihren Mund. Dann schleuderte er eine ganze

Eiskugel auf zwei Meter Entfernung direkt hinein. Die Frau wusste nicht, wie ihr geschah, noch geschockt von diesem Ereignis, den Mund randvoll mit Eis. Kauen ging nicht, direkt Herunterschlucken erst recht nicht. Es ging nur eines: Mit einer Hand den Mund zuhalten, die Augen aus dem Kopf quellen lassen, stöhnende und schmatzende Geräusche von sich geben und hoffen, dass einem niemand dabei zuschaute.

Jeden Abend stellte ich mich in diese Schlange, immer in der Hoffnung, diese Nummer zu sehen, ohne selbst an der Reihe zu sein. Auch hier konnte man sehen, wie dieser Kerl einen Heidenspaß an seiner Arbeit hatte.

Auch dieser „Künstler“ unterschied sich so deutlich von den anderen, dass damit sein Erfolg sehr einfach zu begründen ist.

Um erfolgreich zu werden, muss man viel tun – wenn man aber das Gefühl hat, viel zu tun, wird man niemals erfolgreich.
Erfolgreich sind die, die das, was sie tun, mit Freude machen und dadurch auch ein wenig mehr tun als die anderen.

4. Grundlage

Oft kommen wir in Situationen, in denen es darauf ankommt, unsere Tagesbestform zu haben. Doch oft sind genau in diesen Situationen, wie zum Beispiel bei mündlichen Prüfungen, Vorträgen, Vorstellungsgesprächen, Wettkämpfen oder Ähnlichem unsere Leistungen nicht so, wie wir uns das vorstellen. Woran liegt es, dass wir manchmal eine Aufgabe deutlich besser erledigen können als an anderen Tagen? Es sind unsere Emotionen, die uns fördern oder auch behindern können.

Die gute Nachricht ist, dass wir unsere Emotionen gezielt so steuern können, dass wir

- unser Potenzial bestmöglich ausleben und fördern können,
- uns so gut wie möglich weiterentwickeln,
- unsere Leistungen punktgenau abrufen können und
- zum Beispiel am Tag der Prüfung zur Höchstform auflaufen.

Doch bevor wir anfangen, uns damit zu beschäftigen, wie wir erfolgreich werden, solltest du dich als Erstes fragen, warum du dies überhaupt willst. Wenn du davon ausgehst, dass dich Erfolg glücklich macht, vergiss es! Durch Erfolg kannst du mehr Geld bekommen, oder du erhältst Anerkennung. Natürlich ist Erfolg auch sehr befriedigend, und wenn man es dadurch sogar schafft, in seinem Metier voll aufzugehen, hat das schon etwas mit Glück zu tun. Doch wie uns viele sehr erfolgreiche Menschen immer wieder bestätigen, macht der Erfolg allein uns tatsächlich nicht glücklich.

Wenn du zum Beispiel glaubst, durch Erfolg mehr Zuneigung zu erhalten, hast du auf das falsche Pferd gesetzt. Denn je erfolgreicher du wirst, um so schwieriger wird es sogar, deine wahren Freunde zu erkennen. Es hat tatsächlich noch niemand geschafft, nur durch seinen Erfolg langfristig glücklich zu werden. Bodo Deletz, mein Freund und Geschäftspartner, hat einen Artikel verfasst, in dem er den Unterschied zwischen Zuneigung und Anerkennung aufgezeigt hat. Hier ein kleiner Ausschnitt, der die Tragweite aufzeigt, wenn man aus der falschen Motivation heraus erfolgreich werden möchte:

Zuneigung oder Anerkennung

... Aufgrund unserer instinktiv angeborenen Erziehungsmaßnahmen machen wir in unserem Verhalten für gewöhnlich keinen Unterschied zwischen Zuneigung und Anerkennung sowie zwischen Ablehnung und Tadel. Diese fehlende Differenzierung führte in unserer Kindheit zu einer schier unendlichen Kettenreaktion, die darüber entschied, ob wir später glückliche oder unglückliche Menschen wurden.

Gehen Sie als Gedankenspiel einmal in Ihre frühe Kindheit zurück. Damals als kleines Kind konnten Sie den Unterschied zwischen Zuneigung und Anerkennung noch nicht so erfassen, wie Sie das heute verstehen können. Heute wissen Sie, dass Sie Anerkennung bekommen, wenn sie etwas geleistet haben. Zuneigung hingegen bekommen Sie einfach dafür, dass Sie so sind, wie sie sind. Aufgrund der modernen Glücksforschung wissen wir, dass Zuneigung durch das Erkennen von Gemeinsamkeiten und Ergänzungen entsteht. Erinnern Sie sich daran, wie Sie das letzte Mal mit jemandem, der Ihre große Liebe werden sollte, im Restaurant saßen, um sich kennen zu lernen? Worüber haben Sie gesprochen? Ich kann es Ihnen sagen – über all die vielen großen und kleinen Interessen im Leben, die Sie gemeinsam hatten. Über alle Charaktereigenschaften, die gut miteinander harmonierten oder die Sie sogar gemeinsam hatten. Möglicherweise haben Sie sich sogar über gemeinsame Lebensziele oder Wertvorstellungen unterhalten. Und jedes Mal, wenn Sie eine Gemeinsamkeit fanden, fühlten Sie sich gut. Sie stellten bei all diesen Gemeinsamkeiten fest, dass Sie gut zusammenpassten, und waren sich auf Anhieb sympathisch. Aus dieser Sympathie entstand mit der Zeit tiefere Zuneigung und möglicherweise sogar Liebe. Das ist der natürliche Vorgang, über den wirkliche Zuneigung oder Liebe entsteht. Die Leistungen Ihres Gegenübers waren nur oberflächlich wichtig und reichten sicherlich nicht aus, um eine glückliche Beziehung zu führen.

Bei einer Mutter, die ihr Kind zur Welt bringt, gibt es natürlich noch andere Gründe, aus denen heraus Zuneigung in Form von Liebe entsteht. Doch auch bei diesen Gründen spielt die Leistung des Kindes absolut keine Rolle. Es erhält die Zuneigung völlig unabhängig von Leistung einfach dafür, dass es so ist, wie es ist.

Wenn Eltern ihrem neugeborenen Kind diese Zuneigung entgegenbringen, ist dies für das Kind über alle Maßen beglückend. Doch leider stellen kleine Kinder auch mal etwas an, was sie selbst und andere gefährdet. Verantwortungsbewusste Eltern müssen also eingreifen und das Kind erziehen. Die Maßnahmen, die ihnen dazu zur Verfügung stehen, bestehen im ersten Lebensjahr in den instinktiv angeborenen Erziehungsmaßnahmen, auf die das Kind auch von Geburt an Resonanz hat.

Eltern lehnen also ihr Kind scheinbar ab, um es zu tadeln und damit dazu zu bringen, etwas Schlimmes, wie zum Beispiel auf die heiße Herdplatte fassen zu wollen, nicht mehr zu tun. Eine andere Möglichkeit haben Eltern im ersten Lebensjahr eines Kindes noch nicht. Sie können dem Kind noch nicht intellektuell erklären, was passiert, wenn es auf die Herdplatte fasst. Daher bleibt ihnen nur noch die Ablehnung als Maßnahme.

In Wirklichkeit lehnen sie ihr Kind natürlich nicht ab. Wirkliche Ablehnung würde bedeuten, dass sie von ihrem Kind für alle Zeit nichts mehr wissen wollen. Das ist ja sicherlich nicht der Fall, wenn sie ihr Kind vor einer Verletzung schützen wollen. Es ist also eine Art manipulativer Ablehnung, die einem guten Zweck dient.

Hingegen bringen Eltern ihren Kindern Zuneigung entgegen, wenn diese etwas Gutes getan haben. Auch hier würde ein Kind eine intellektuelle Anerkennung für seine Leistungen noch nicht verstehen.

Es liegt auf der Hand, dass ein Kind in diesem Alter noch nicht zwischen Zuneigung und Anerkennung sowie zwischen Ablehnung und Tadel unterscheiden kann. Es erlebt ja ständig, dass es Zuneigung bekommt, weil es in den Augen seiner Eltern Leistung erbracht hat. Auch erlebt es, dass es abgelehnt wird, wenn es etwas Schlechtes macht oder irgendetwas nicht auf die Reihe bekommt.

Werden diese Erfahrungen im weiteren Verlauf der Kindheit nicht richtiggestellt, wird dieses Kind sein gesamtes Leben auf diesen falschen Schlussfolgerungen aufbauen. Es wird fortan versuchen, alles richtig zu machen und es anderen immer recht zu machen, um gemocht zu werden. Gleichzeitig wird es Fehler vermeiden wollen, um nicht abgelehnt oder gar aus unserer Gesellschaft ausgeschlossen zu werden.

Aufgrund der menschlichen Rudelinstinkte gehört es für uns zu den schlimmsten Lebenserfahrungen, von allen Menschen abgelehnt oder ausgeschlossen zu werden. Nicht zu Unrecht gilt zum Beispiel Mobbing am Arbeitsplatz als eine der häufigsten Krankheitsursachen und das Gefühl der Wertlosigkeit als Basis einer jeden Depression.

Hingegen gehört Zuneigung in Form von Freundschaft oder Liebe zu den beglückendsten Erfahrungen auf diesem Globus überhaupt. Jeder Menschen strebt instinktiv danach und wünscht sich nichts sehnlicher, als einfach so gemocht zu werden, wie er ist. Und genau diese Erfahrung liegt jetzt für Sie zum Greifen nahe.

Stellen Sie sich einmal vor, Ihre Eltern hätten Ihnen als Kind frühestmöglich gezeigt, dass sie Sie lieben, weil Sie so sind, wie sie sind. Gleichzeitig zu dieser Liebe hätten sie Ihnen jedoch, wenn nötig, auch mal Tadel entgegengebracht, ohne Ihnen die Zuneigung währenddessen zu entziehen. In Situationen, in denen Sie als Kind eine Leistung erbracht haben, hätten Ihre Eltern Ihnen Anerkennung entgegengebracht und sich mit Ihnen gefreut, ohne Ihnen jedoch dadurch mehr Zuneigung zu geben. Die wäre stets konstant geblieben.

Was hätten Sie als Kind über sich und das Leben gelernt? Wären Sie so überhaupt auf die verrückte Idee gekommen, dass Sie etwas leisten müssen und über alle Maßen hinaus toll sein müssen, um Zuneigung zu bekommen? Sicherlich nicht! Sie hätten Leistung erbracht, weil Sie Lust darauf gehabt hätten, und die Anerkennung Ihres Umfeldes zusätzlich zu Ihrer ohnehin vorhandenen Freude eingesteckt. Dabei wäre Ihnen jedoch jederzeit bewusst gewesen, dass sie auch ohne diese Leistung gemocht oder gar geliebt werden, da man Sie nicht Ihrer Leistungen wegen mag, sondern weil Sie so sind, wie Sie sind. Man mag Sie, weil Sie gut zu Ihren Freunden und Bekannten passen. Das ist der einzige Grund. Die Menschen, die Sie mögen, fühlen sich wohl mit Ihnen, weil es einfach passt zwischen Ihnen.

Wenn Sie an dieser Tatsache zweifeln, dann fragen Sie doch einmal Ihre Freunde, warum sie Sie mögen. Ist es, weil sie Leistungen erbringen oder weil man Sie einfach als Persönlichkeit schätzt? Wie ist es mit Ihnen? Warum mögen Sie Ihre Freunde in Wirklichkeit? Mögen Sie sie wegen ihrer Leistungen oder weil es vom Herzen her stimmt?

Für die meisten Menschen besteht der Hauptmotor in Ihrem Leben darin, Leistungen zu erbringen und toll zu sein, um dadurch letztendlich Zuneigung zu bekommen. Leider bekommt man keine wirkliche Zuneigung dadurch, dass man Leistungen erbringt, wie neueste wissenschaftliche Erkenntnisse bestätigen. Man bekommt echte Zuneigung ausschließlich dafür, dass man zusammenpasst. Der Mensch verfügt sogar über Organe, die jenseits der Schwelle unseres Bewusstseins feststellen, ob wir zusammenpassen. In der Nase haben wir zum Beispiel ein Organ, das anhand von Pheromonen bestimmte genetische Eigenschaften unseres Gegenübers ermittelt, um zu bestimmen, ob er als Beziehungspartner und damit als Vater oder Mutter von gesunden Nachkommen geeignet ist oder nicht. Natürlich gibt es darüber hinaus noch viele Kriterien dafür, ob wir jemanden als passend empfinden oder nicht. Alle diese Kriterien haben eines gemeinsam: Sie beziehen sich auf die Persönlichkeit und nicht auf vorzeigbare Leistungen. Diese führen nur vorübergehend zu Interesse, weil wir gelernt haben, dass man einen Menschen mögen muss, der Leistungen vorzuweisen hat.

Sicherlich sind Sie schon einmal einem Menschen begegnet, den Sie allein aufgrund seines Äußeren oder seiner Leistungen interessant fanden. Und sicherlich haben Sie dann nach einiger Zeit festgestellt, dass Sie sich mit diesem Menschen nicht wirklich wohl fühlten, weil es einfach vom Herzen her nicht passte.

Dennoch bilden wir uns alle ein, dass wir toll sein müssen, Leistungen erbringen müssen, keine Fehler machen dürfen usw., damit wir gemocht oder geliebt werden können. Diese falschen Schlussfolgerungen treiben uns fast jede Sekunde unseres Lebens an. Wir schlüpfen in Rollen, um anderen zu gefallen, wir versuchen, Status und Ansehen zu erreichen, um anderen zu gefallen, und das permanent und ohne Unterlass.

Doch wie wirken wir tatsächlich mit diesen Maßnahmen auf unser Umfeld? Mag man uns wirklich mehr, weil wir jedem andauernd erzählen wollen, wie toll wir sind und was wir wieder geleistet haben? Gefährden wir damit nicht eher unsere Freundschaften, als dass wir sie fördern? …

Wie du siehst, ist Anerkennung etwas Wunderschönes und der Erfolg mit der richtigen Motivation absolut erstrebenswert. Man kann und sollte es genießen. Wenn man jedoch auf Grund einer Leistung Zuneigung erwartet, wird man einfach nur enttäuscht. Man geht tagein, tagaus ins Fitnessstudio, um eine tolle Figur zu erhalten. Wenn man dann jedoch von jemandem gesagt bekommt, er wolle eine Beziehung mit einem führen, weil man solch einen schönen Body hat, findet man sich gerade deswegen abgelehnt. Man will doch einfach nur geliebt werden.

Liebe und Zuneigung kann man sich nicht erarbeiten, Anerkennung hingegen schon.

Wenn du also nun, auf welchem Gebiet auch immer, erfolgreich werden möchtest, frage dich bitte als Erstes, ob du damit Zuneigung oder Anerkennung ernten möchtest.

Anerkennung erhält man für das, was man tut. Zuneigung bekommt man für das, was man ist. Wer glaubt, durch Leistung Zuneigung zu erhalten, wird immer enttäuscht werden. Darum hinterfrage bei all deinen Zielen, was du damit erreichen möchtest – Zuneigung oder Anerkennung.

Als Nächstes überlege dir bitte einmal, ob du durch deinen Erfolg möglicherweise etwas Bestimmtes *vermeiden* möchtest. Wenn du zum Beispiel unzufrieden in deinem Job bist, gemobbt wirst und dort einfach nur noch weg möchtest und deswegen auf einem anderen Gebiet erfolgreich sein willst, hast du eine so genannte „weg von“-Motivation. Du möchtest durch deinen Erfolg andere Probleme vermeiden. Mit einer solchen Motivation ist zum einen deine Aufmerksamkeit auf Probleme gerichtet, was nicht gerade förderlich für den Erfolg ist, auf der anderen Seite kann ich mir nicht vorstellen, dass du auf diese Art und Weise ein Ziel definiert hast, das dir wirklich liegt. Dies kannst du nur mit einer „hin zu“-Motivation erreichen – einem Ziel, bei dem alles in dir sagt, dass es wirklich dein Ziel ist.

Dies ist natürlich der Idealzustand. Damit ist es dann relativ leicht, erfolgreich zu werden. Aber natürlich kommt es auch immer wieder vor, dass wir Ziele vorgegeben bekommen. Auch diese möchten wir natürlich so erfolgreich wie möglich erreichen.

Im Folgenden werden wir uns also damit befassen, jedes Ziel, gleich ob es von uns selbst definiert oder von anderen vorgegeben wurde, erfolgreich umzusetzen.

5. Die Vorbereitungsphase

Ich unterteile den Weg zum Erfolg in zwei Phasen: die Vorbereitungsphase und die Durchführungsphase. In der Vorbereitungsphase geht es darum, sich weiterzuentwickeln, Wissen anzusammeln, sich zu bilden, zu trainieren, sich also die Grundlagen für den Erfolg zu schaffen. In der Durchführungsphase geht es darum, punktgenau in Höchstform zu sein.

Für die Vorbereitungsphase benötigen wir einen Zustand, in dem wir Informationen bestmöglich aufnehmen und verarbeiten können, in dem wir kreativ und leistungsfähig sind, in dem das Immunsystem bestmöglich funktioniert und in dem der Körper und das Energiesystem bestmöglich arbeiten. Wir müssen also, um es in einem Wort zu sagen, topfit sein.

Schauen wir uns doch einmal an, was die Gehirnforschung hierzu sagt. Um körperlich und geistig so leistungsfähig wie möglich zu sein, benötigen wir zwei körpereigene Botenstoffe: Dopamin und endogenes Opioid, sprich körpereigenes Opium. Beides sind Hormone, die durch Freude und Verbundenheitsgefühle ausgeschüttet werden. Wenn wir uns also weiterentwickeln möchten, wir also etwas lernen oder unser Gehirn aus einem anderen Grund „benutzen" möchten, ist es von großer Wichtigkeit, vorab diese beiden Botenstoffe auszuschütten. Wir müssen also Verbundenheit empfinden, uns dazugehörig fühlen und uns freuen – so einfach ist das.

Nun ja, dass Lernen Spaß machen und in einem angenehmen Umfeld stattfinden sollte, wissen wir auch ohne wissenschaftliche Experimente. Doch schauen wir uns einmal an, mit welcher Methode wir uns meist dazu bringen wollen, uns weiterzuentwickeln. Es ist wirklich grotesk, aber die meisten Menschen glauben, sich für die Dinge, die sie noch nicht können, *ablehnen* zu müssen. Wie du bereits aus dem Artikel „Zuneigung oder Anerkennung" weißt, wurden wir so erzogen, dass wir, wenn wir lieb waren, Zuneigung bekamen, und wenn wir böse waren, Ablehnung erhielten.

Und wie lernen wir insbesondere in unserer Kindheit etwas? Indem wir imitieren, etwas nachahmen. Wenn wir von unseren Eltern abgelehnt wurden, spielten wir danach „Vater, Mutter, Kind" mit unserem Teddybär und schimpften ganz böse mit diesem. In der Schule ging es natürlich genauso weiter, denn unser Schulsystem ist ja ebenfalls vorrangig auf Belohnung und Bestrafung ausgelegt. Angenehmes Klima und Spaß stehen hier nicht unbedingt an erster Stelle. Unsere Lehrer machen unseren Schülern Stress und umgekehrt genauso. Die Konsequenzen sind mannigfaltig und jeweils fatal.

Da es jedoch jeder so macht, erscheint es uns richtig, und wir übernehmen dieses System, indem wir Menschen ablehnen, wenn sie etwas nicht „gut“ machen oder können. Und zu diesen Menschen zählen auch wir selbst.

Um so aufnahmefähig wie möglich zu sein, benötigt man die Botenstoffe, die durch Freude und Verbundenheit ausgeschüttet werden.
Wer etwas lernen oder sich weiterentwickeln möchte, muss also zuerst einmal Verbundenheit fühlen und sich freuen.

Erzieherische Ablehnung

Wie genau setzen wir die erzieherische Ablehnung ein? Ich sage deshalb „erzieherisch“, da man mit einer *echten* Ablehnung nichts bewirken möchte. Man verlässt dann einfach jemanden und sieht ihn niemals wieder. Aber mit der erzieherischen Ablehnung möchte man bewirken, dass sich der andere so verhält, wie man es für richtig hält. Nun hat jedoch jeder seine persönlichen Wertmaßstäbe.

Für mich zum Beispiel ist Treue ein wesentlicher Bestandteil einer Beziehung. Von meinem Gefühl her ist das sogar das einzig Richtige. Natürlich ist mir klar, dass zum Beispiel freie Liebe genau so richtig ist, wenn es allen Beteiligten damit gut geht (was ich jedoch in Frage stelle). Wie dem auch sei, Sabine, meine Frau hat in dieser Hinsicht zum Glück die gleiche Priorität. Wäre es jedoch anders und wir wollten trotzdem eine Beziehung führen, hätten wir ein Problem.

Normalerweise geschieht nun folgendes: Man will dem Partner vermitteln, dass er sich ändern soll. Als erstes würde man sicher erklären, wie wichtig einem Treue ist. Wenn dies nicht fruchtet, fängt man an zu leiden. Man fühlt sich verletzt und zeigt dem anderen, dass er schuld an diesem Elend ist. Wenn dies auch keinen Erfolg bringt, wird man wütend. Man macht Vorhaltungen und haut mächtig auf den Putz. Auch hiermit will man ja in Wirklichkeit nur erreichen, dass sich der Partner so verhält, wie man selbst es für richtig hält. Die nächste Phase ist Drohen. Man droht damit, den anderen zu verlassen. Damit will man klar machen, welche Bedeutung das Ganze hat. Wenn dies jedoch auch scheitert, spielt man den Lieben, dem man keinen Wunsch abschlagen kann. Dann fängt man wieder von vorne an.

Auf diese Weise gut trainiert, spielt man dieses Spiel nicht nur mit dem Partner, sondern auch mit Freunden und Kollegen – aber auch mit wildfremden Autofahrern oder seinem Computer oder dem Kopiergerät. Wer hat sich nicht schon über seinen Drucker aufgeregt? Das ergibt ja nicht mehr wirklich einen Sinn, denn dem Drucker macht deine Ablehnung nicht allzu viel aus – es sein denn, du wirfst ihn aus dem Fenster.

Wirklich vernichtend aber wird es, wenn man sich selbst ablehnt. Man lehnt seinen dicken Hintern ab, damit er verschwindet. Man lehnt seine Dummheit ab, damit man intelligent wird. Um es deutlich zu sagen: Immer wenn du ein schlechtes Gefühl zu dir selbst hast, sei es Wut, Hass, Niedergeschlagenheit, Beleidigtsein oder was auch immer, versuchst du damit, dich zu manipulieren, um besser, toller oder schöner zu werden.

Was noch verrückter ist: Wir sind sogar in der Lage, schlechte Gefühle zu bekommen, weil wir schlechte Gefühle haben. Wir werden wütend, weil wir schon wieder Angst hatten, oder wir bekommen sogar Angst vor unserer eigenen Angst. Wir lehnen tatsächlich unsere Ablehnungsgefühle ab, in der Hoffnung, dass sie dadurch verschwinden. Nun ist, denke ich, jedem klar, dass man sich dadurch in einen Teufelskreis begibt. Aber auch aus neurologischer Sicht ist diese Maßname vollkommen irrsinnig.

Warum aber lehnen wir uns denn ständig ab? Aus Gewohnheit. Wir haben es so gelernt und wenden es, ohne es zu hinterfragen, ständig an. Das muss jetzt aufhören!

Natürlich solltest du dich auch weiterhin kritisch betrachten. Ich will ja auch nicht realitätsfremd durch die Gegend laufen und glauben, dass ich toller bin als Gott persönlich. Ich möchte mich auch weiterhin weiterentwickeln – aber mit einer Methode, die erfolgversprechend ist, und nicht mit dieser althergebrachten, die von vornherein zum Scheitern verurteilt ist.

Interessanterweise geht man bei der Hundeerziehung mittlerweile vollkommen anders vor: „Haste fein gemacht, bekommst auch ein Leckerli!“ ist die ganz normale Hundeerziehung. Der Hund wird für alles gelobt, was er gut macht, und die Dinge, die er machen soll, werden als interessanter dargestellt als die Dinge, die man vermeiden möchte. Es wird also das Belohnungssystem angesprochen. Die Zeiten, in denen der Hund eins mit der Leine auf den Hintern bekam, wenn er nicht spurte, sind zum Glück bei den meisten Hundebesitzern vorbei.

Doch wie gehen wir mit uns selbst um, wenn wir etwas falsch gemacht haben oder noch nicht so weit sind, wie wir uns das gewünscht hätten? Wir lehnen uns ab.

Was geschieht eigentlich genau bei einer Ablehnung? Hierzu wurden an der Universität Ulm etliche Versuche gemacht, deren Ergebnisse uns genau aufzeigen, welche Konsequenzen die Selbstablehnung hat.

Als Erstes wurden Probanden mit Wärmeelementen an verschiedenen Körperteilen versehen und dann in einen Magnetresonanz-Tomographen geschoben – eine Art Scanner, mit dem man genau beobachten kann, welches Gehirnareal tätig ist. Wenn man nun unterschiedliche Körperteile erwärmte, zeigten sich natürlich auch unterschiedliche Gehirnareale aktiv. Doch wenn die Temperatur die Schmerzgrenze erreichte, wurde jedes Mal ein weiteres Areal aktiv – das Schmerzzentrum. Wenn mir also der Finger weh tut, sind mein Gehirnzentrum „Finger" und das Zentrum „Schmerz" gleichzeitig aktiviert. Das Schmerzzentrum ist also immer an der gleichen Stelle, und die Zuordnung, wo der Schmerz sitzt, machen wir über die Kopplung zum jeweiligen Gehirnzentrum des entsprechenden Körperteils.

Dann steckte man Probanden unter dem Vorwand in den Scanner, dass man das Gehirn bei der Ausführung von Tätigkeiten untersuchen wolle. Man erklärte jeweils dem Probanden, er werde gleich gegen zwei Kontrahenten Pingpong am Computer spielen, also Pingpong zu dritt. Doch er sei noch nicht angeschlossen und müsse zuerst ein wenig zuschauen.

Er lag nun also in dem Scanner und dachte, sein System würde noch nicht funktionieren, und beobachtete zwei Spieler beim Pingpong. Natürlich wurden seine Gehirnaktivitäten bei diesem Vorgang bereits aufgezeichnet.

Nach einiger Zeit bekam der Proband die Information, er sei nun ebenfalls verkabelt und könne in das Geschehen eingreifen. Voller Eifer griff er nun in das Spiel ein.

Doch nach einer gewissen Zeit ließ man ihn einfach nicht mehr mitspielen. Die beiden anderen spielten einfach nur noch zu zweit und spielten ihm keinen Ball mehr zu. Genau das war das eigentliche Experiment. Was geschah nun bei dem Probanden durch diese Art der Ablehnung, der Ausgrenzung?

Die meisten Probanden waren verärgert und fühlten sich abgelehnt. Aber was geschah dabei im Gehirn? Das Schmerzzentrum wurde voll aktiviert! Sie hatten wirklich so etwas wie Schmerzen, auch wenn sich diese natürlich etwas anders anfühlten als der Schmerz bei einer Körperverletzung.

Ausdrücke wie „Du hast mich verletzt“ oder „Du tust mir weh“, die sich auf seelische „Wunden“ beziehen, sind also in Wirklichkeit zutreffender, als man bisher glaubte. Ablehnung erzeugt tatsächlich eine Art von Schmerzen und das gilt natürlich auch für die Selbstablehnung.

Einigen Testkandidaten machte diese Situation interessanterweise nichts aus. Für sie war es kein großer Unterschied, ob sie am Anfang der Untersuchung nur zuschauten oder am Ende. Diesen tat es auch nicht weh. Ihr Schmerzzentrum wurde nicht aktiviert.

Es geht also nicht darum, ob wir abgelehnt *werden*, sondern ob wir uns abgelehnt *fühlen*, wie wir also diese Situation *bewerten*. Wenn wir eine Situation als Ablehnung bewerten und uns damit abgelehnt fühlen, verwendet unser Gehirn dasselbe Gehirnzentrum wie bei körperlichen Schmerzen. So wie es mit diesem Gefühl bei körperlichen Schmerzen unsere körperliche Integrität schützen will, versucht es bei Ablehnung mit demselben Leid unsere soziale Integrität zu sichern. Dieses System stammt noch aus der Urzeit, wo dies so noch wirklich sinnvoll war, weil z. B. die Ausgrenzung aus der Gruppe Lebensgefahr bedeutete. In der heutigen Zeit ist diese Vorgehensweise jedoch eher kontraproduktiv. Mehr dazu später beim Thema „Instinkte".

Das Ganze geht aber noch weiter.
Ablehnungsgefühle, welcher Art auch immer, schütten auch noch Stresshormone aus, die dummerweise Gehirnzellen zerstören. Um es

wirklich deutlich zu sagen: Wenn jemand drei Jahre Dauerstress hatte, wurde nachweislich die Hälfte eines Gehirnareals, des Hippocampus, zerstört. Unter Stress verstehe ich nicht, dass ich z. B. viel zu arbeiten habe – unter Stress verstehe ich „schlechte" Gefühle, die auf Grund der Bewertung einer Situation entstehen. Nicht die Situation ist Stress, sondern das, was ich emotional daraus mache: Wut, Angst, Niedergeschlagenheit, Hoffnungslosigkeit, Hass, Aggression und alles Weitere in dieser Richtung. Eine Depression zum Beispiel kostet wirklich eine Menge Gehirnzellen und muss deswegen so früh wie möglich behandelt werden. Die zerstörerische Wirkung ist umso größer, je schlimmer die Gefühle werden – etwa die massive Angst, die Soldaten erleben, die sich in einem Kriegsgebiet befinden. Nun ja, so manche Beziehung und so mancher Arbeitsplatz ähneln leider einem Kriegsgebiet sehr auffallend.

Nun ist der Hippocampus - übersetzt Seepferdchen (genau genommen kommt der Name aus dem altgriechischen und bedeutet Seeungeheuer) - das Gehirnareal, das ausgerechnet für unsere geistige Leistungsfähigkeit, wie zum Beispiel Merkfähigkeit und Orientierungssinn, zuständig ist. Er zählt zu den ältesten Strukturen das Gehirns und ist gleichzeitig eine zentrale Schaltstation des limbischen Systems, das wiederum unter anderem für die Verarbeitung unserer Emotionen zuständig ist. Im Hippocampus fließen Informationen verschiedener sensorischer Systeme zusammen, die verarbeitet und von dort zum Kortex (Großhirnrinde) gesendet werden. Menschen, deren Hippocampus entfernt oder zerstört wurde, können keine neuen Erinnerungen formen.

Auch das Abrufen und Verarbeiten unseres Wissens und auch Rechenoperationen laufen über dieses Gehirnareal. Daher hört ab einem gewissen Stresspegel der Spaß wirklich auf, denn irgendwann ist man dann kaum noch in der Lage, sein Leben zu planen, geschweige denn auf welchem Gebiet auch immer erfolgreich zu werden.

Hinzu kommt noch, dass der Hippocampus dafür zuständig ist, unsere Stresshormone einzudämmen. Je mehr er zerstört ist, umso schlechter kann er diese Aufgabe bewältigen, was wiederum bedeutet, dass wir schlechter in der Lage sind, Stress abzubauen, was wiederum nach sich zieht, dass der Hippocampus noch mehr beschädigt wird. Diesen Kreislauf bekommen wir im Alter am deutlichsten zu spüren. Es ist also nicht so, dass man im Alter automatisch schlechter lernen kann oder vergesslicher wird. Vielmehr sind diese Erscheinungen auf einen angegriffenen Hippocampus zurückzuführen. Natürlich wirkt sich das im Alter am deutlichsten aus, denn bis dahin hat man eine Menge Stress angesammelt, und der oben beschriebene Kreislauf kommt immer stärker zum Tragen. Aber wie gesagt, mit genügend Ablehnungsgefühlen macht sich dies auch schon in jungen Jahren bemerkbar. Alzheimer oder Demenz haben also nichts mit dem Alter zu tun, sondern damit, wie man sein Gehirn gepflegt hat.

Es geht aber noch weiter. Wie weitere Untersuchungen im Tomografen verdeutlichen, ist kaum ein Gehirnareal, das zum Denken verwendet wird, nennenswert tätig, wenn wir unter Stress stehen. Wir sind also kaum noch in der Lage, uns zu konzentrieren, kreativ zu sein und Informationen aufzunehmen oder wiederzugeben. Durch schlechte Gefühle wird unsere Gehirnkapazität und damit unsere Leistungsfähigkeit unmittelbar erheblich reduziert. Das lässt sich auch durch ein Absinken des Intelligenzquotienten nachweisen. Kurzum: Alles, was wir für unsere Weiterentwicklung benötigen, blockieren wir durch Stresshormone, wie sie zum Beispiel durch eine Selbstablehnung entstehen. Wenn wir also erfolgreich werden wollen, benötigen wir ein deutlich besseres Weiterentwicklungssystem als die „Selbsterziehung" durch Selbstablehnung!

Wenn du nun Stress bekommst, weil du dir gerade ausgerechnet hast, wie viel Stress du dir in deinem Leben schon gemacht hast, beruhige dich gleich wieder. Es gibt eine Lösung, auf die ich später näher eingehe. Genauso wenig sinnvoll ist es, wie ich weiter oben bereits erwähnt habe, nun Angst vor schlechten Gefühlen zu bekommen. Dies wäre ja auch wieder nur die „alte" Art und Weise, mit Dingen umzugehen, die man nicht haben möchte. Das ist auch nicht nötig – natürlich dürfen wir auch manchmal schlechte Gefühle haben, denn man kann dies wieder ausgleichen. Nur sollte klar geworden sein, dass eine Selbstablehnung sicher nicht die richtige Maßnahme für die Weiterentwicklung ist, und es sollte auch klar sein, das unnötige schlechte Gefühle auch unnötigen Schaden anrichten.

Ablehnungsgefühle wie zum Beispiel Ängste, Wut und ähnliche destruktive Gefühle verursachen Schmerzen, reduzieren unmittelbar unsere Leistungsfähigkeit und zerstören langfristig Gehirnzellen in beträchtlichem Maße.

Weiterentwicklungsmethode

Das Erste, was uns dabei hilft, ein neues System anzuwenden, ist die Erkenntnis, dass das bisherige System eine Katastrophe ist. Nach all dem, was wir nun über unsere Funktionsweise wissen, ist Ablehnung das Schlechteste, was einem einfallen kann. Ich habe Bilder aus dem Tomografen gesehen, die zum einen den Hippocampus eines normalen Verstorbenen und zum andern den eines an Stress Verstorbenen zeigen. Diesen Unterschied werde ich nie vergessen, und er ist mir Motivation genug, mir keine unnötigen schlechten Gefühle mehr zu machen.

Als Nächstes gilt es, das neue System zu integrieren. Das geht am sichersten und am leichtesten, indem man es sich einfach angewöhnt. Es gibt noch viele andere Möglichkeiten, aber wie wir heute wissen, bildet unser Hirn ständig Regeln. Es nimmt Beispiele aus unserem Leben und bildet damit neue Regelwerke. Es giert förmlich danach. Das Einzige, was wir bewusst dazu beisteuern müssen, sind Beispiele. Doch aktiv merken müssen wir uns diese Beispiele nicht. Wir bilden aus allen Informationen, die wir erhalten, Regeln, die uns dann helfen, uns im Leben zurechtzufinden. Wenn wir uns jedes Mal Gedanken darüber machen müssten, worauf wir uns setzen können, wenn wir einen Raum betreten, hätten wir viel zu tun. So genügen uns ein paar Erfahrungen, um zu wissen, wie Sitzgelegenheiten aussehen und was man damit vorzugsweise macht, um jeden Stuhl sofort als einen solchen zu erkennen und uns darauf zu setzen, ohne darüber nachzudenken.

Vorurteile sind übrigens auch nur Regeln, die auf Grund von Erfahrungen entstanden sind. Eine mehrmalig bestätigte Erfahrung genügt, um eine Regel zu bilden, die uns dann wie ein unumstößliches Naturgesetz vorkommt. Je öfter man dann diese Regel bestätigt bekommt, umso mehr verhaftet sich diese und umso schneller und deutlicher bekommt man diese Regel bei Bedarf „auf den Schirm". Es ist also die Statistik der Bewertungen, die zu unseren Werten führt.

Es geht nun darum, für unseren Erfolg neue Denkstrukturen zu integrieren und neue Regeln zu bilden. Dies erreicht man am einfachsten durch Beispiele und Erfahrungen. Regeln können in Wirklichkeit nicht gelernt werden – Regeln müssen von uns selbst aufgrund unserer Erfahrungen gebildet werden. Wie Prof. Manfred Spitzer von der Universität Ulm, führender Gehirnforscher und Autor vieler interessanter Bücher zu diesem Thema, dies in seinen Ausführungen sehr anschaulich belegt, ist das sogar bei der Grammatik so. Kinder beherrschen die kompliziertesten grammatischen Regeln, lange bevor sie in die Schule kommen. Man kann über Tests bestätigen, dass die Kleinen nicht einfach nachquasseln. Sie wenden wirklich das Regelwerk an, von dem sie noch nie etwas gehört haben. Dies geht bereits bei Neugeborenen los. Und doch soll es noch heute Schulsysteme geben, die von den Kindern erwarten, Regeln auswendig zu lernen. Man kann sie dann zwar auswendig aufsagen, doch die Anwendung erfolgt erst dann, wenn die Regeln auf Grund von Beispielen und Erfahrungen selbst gebildet wurden. Dieses Wissen zu haben und sich dann über die Pisa-Studie zu wundern lässt in mir einige Frage offen.

Woher bekomme ich nun die Beispiele für mein neues Weiterentwicklungssystem? Ich mache mir zum einen immer, wenn ein schlechtes Gefühl in mir hochkommt, klar, dass es eine bessere Methode gibt. Wenn ich dies oft genug getan habe, wird diese Erkenntnis zur Selbstverständlichkeit. Natürlich ist es wichtig, an diese Erkenntnis nicht wieder ein schlechtes Gefühl zu koppeln wie: „Es gibt ein besseres System, warum benutze ich Depp immer noch das schlechte?"

Dann mache ich mir so oft wie möglich klar, dass ich, bevor ich irgendetwas anfange, zuerst einmal Dopamin und (körpereigenes) Opium benötige. Mit dem Tomografen wurde auch ganz klar nachgewiesen, dass das Gehirn durch diese Botenstoffe deutlich aktiver und leistungsfähiger wird. Man wird durch sie intelligenter, kreativer, leistungsfähiger, das Immunsystem wird aktiviert, man kann Informationen besser abspeichern und vieles mehr.

Wenn ich mich zum Beispiel vor meinen PC setze und ein gutes Buch schreiben möchte, sorge ich als Erstes dafür, dass ich, bevor ich auch nur eine Taste betätige, genügend Dopamin und Opium ausgeschüttet habe. Ich mache mir eine Zeit lang bei allem, was ich anfange, klar, dass ich mich vorab um meine Botenstoffe kümmern muss. Wenn ich damit meine Erfahrungen gesammelt habe, bildet mein Gehirn damit eine neue Regel: „Zuerst Verbundenheit fühlen und sich freuen und dann erst anfangen“.

Und wenn dann doch einmal ein ungutes Gefühl in mir hochkommt, frage ich mich, ob es mir diese Situation wert ist, meinen Hippocampus zu zerstören. Aber um es noch einmal zu betonen: Ich lehne nicht etwa meine Stressgefühle ab. Ich muss auch keine Angst davor haben, denn so schnell passiert dann auch wieder nichts Schlimmes. Es geht nur darum, langfristig dafür zu sorgen, dass es uns deutlich öfter gut geht als schlecht. Und es geht darum, zu erkennen, dass eine Methode, die definitiv destruktiv ist, ungeeignet ist, um mich zur Weiterentwicklung zu motivieren.

Um ein besseres Entwicklungssystem zu integrieren, bedarf es nur ein wenig Übung. Eine neue Regel muss integriert werden, auf die das Unterbewusstsein jederzeit zurückgreift. Mach dir hierzu in möglichst vielen Lebenssituationen klar, dass du vorab deine Botenstoffe benötigst, die du durch Freude und Verbundenheit erhältst.

Es besteht noch Hoffnung

Ein weiterer sehr wichtiger Effekt kommt noch hinzu. Bis vor kurzem wurde gelehrt, dass Gehirnzellen nicht nachwachsen können. Dies wurde 1997 erstmals widerlegt, und seit 2001 weiß man sogar, dass wir diese nachwachsenden Nervenzellen zum Erinnern benutzen. Du liest richtig: Die Nervenzellen des Hippocampus wachsen unter bestimmten Bedingungen nach.

Für diejenigen, die sich mit Stress einen Teil ihres Hippocampus zerstört haben, gibt es also noch Hoffnung. Leider war das bis vor kurzem unbekannt. Noch bis zum Jahr 2000 wurden Menschen, die wegen schlechter Merkfähigkeit zu einem Neurologen gingen und bei denen festgestellt wurde, dass sie bis dahin viel Stress hatten, quasi aufgegeben. „Nervenzellen zerstört, da kann man nichts mehr machen“, war die Diagnose.

Heute wissen wir jedoch, wie es geht. Auch hier hängt es wieder unter anderem mit den Botenstoffen zusammen. Und wie könnte es anders sein – Dopamin und Opium sind die Botenstoffe, die wie Dünger wirken. Sie bilden die beste Grundlage für die Produktion neuer Gehirnzellen. Wenn wir dann das Gehirn noch ein wenig fordern, also trainieren, kann man dem Hippocampus fast beim Wachsen zuschauen.

Wir benötigen also zum einen gute Gefühle und zum andern Abwechslung und Herausforderungen – genau das, was wir bei einem schönen Ziel, mit dem wir erfolgreich werden wollen, haben!

Herausfordernde Ziele und schöne Gefühle sorgen dafür, dass Nervenzellen im Gehirnzentrum Hippocampus nachwachsen. Wir werden somit leistungsfähiger, kreativer und intelligenter.

***Anmerkung:** Dass Nervenzellen im Hippocampus nachwachsen, ist ein wenig ungenau ausgedrückt. Nervenzellen vermehren sich als einzige Zellen nicht durch Zellteilung, was die Ursache für die Annahme war, dass diese nicht nachwachsen. Sie werden an anderer Stelle produziert und dem Hippocampus zur Verfügung gestellt.*

Gut, mit einem interessanten Ziel die Abwechselung und Herausforderung zu bekommen ist ja einfach, aber woher soll man jederzeit Freude und Verbundenheit nehmen, wenn nicht stehlen? Zum einen sollte das Ziel an sich schon Spaß machen, aber um dies nicht dem Zufall überlassen zu müssen, haben wir, das heißt das Ella-Kensington-Team, einige Methoden entwickelt bzw. zusammengetragen, durch die wir mit ein wenig Übung genau die Gefühle in uns auslösen können, die wir gerade benötigen oder besser gesagt haben möchten.

Erfüllungsmerkmale

Die einfachste Methode, die natürlich auf der Hand liegt, ist die, auf Erfüllungsmerkmale zu achten – also auf äußere Gegebenheiten, die uns zeigen, dass das entsprechende Bedürfnis erfüllt ist bzw. dass es hinreichend Anlass für das gewünschte Gefühl gibt. Wie wir wissen, benötigen wir Verbundenheitsgefühle und Freude. Wir müssen also nach Auslösern für diese Gefühle Ausschau halten.

Fangen wir doch mit der Verbundenheit an. Denke bitte einmal an jemanden, den du magst oder noch besser, liebst. Das kann natürlich dein Partner oder deine Tochter sein, ein guter Freund oder auch deine Katze oder dein Hund sein. Es ist nicht wichtig, wer es ist – Hauptsache, du „magst" denjenigen. Was magst du besonders an dieser Person? Ihr Wesen, ihren Charakter, ihren Humor, ihre Augen, ihre Hilfsbereitschaft? Welche Gemeinsamkeiten habt ihr? Den gleichen Musikgeschmack, die gleichen Ziele, das gleiche Hobby? Und wo ergänzt ihr euch? Ist einer von euch beiden extrovertiert und der andere introvertiert, der eine humorvoll und der andere lacht gerne? Spürst du nun, wie du anfängst, angenehme Verbundenheitsgefühle zu dieser Person zu empfinden?

Mag diese Person dich vielleicht auch? Welche Hinweise hat sie dir geliefert? Hat sie Interesse an dir gezeigt? Interesse an deiner Person? Ist sie auch gerne mit dir zusammen? Woran erkennst du das?

Hierzu noch eine Sozialstudie, die meine Sichtweise deutlich verändert hat. Früher ging es mir immer darum, ob und von wem ich gemocht wurde. Bevor ich jemanden mochte, musste ich zuerst wissen, ob diese Person mich ebenfalls mochte. Denn wenn nicht, wäre ich ja verletzt gewesen. Um dies zu vermeiden, hielt ich meine Gefühle anderen gegenüber flach. Wenn ich natürlich auf jemanden stieß, der mich eigentlich gemocht hätte, der mir auch sympathisch gewesen wäre, der jedoch mit derselben Technik vorging wie ich, liefen wir quasi aneinander vorbei und unterdrückten damit beide unsere guten Gefühle.

In der besagten Sozialstudie ließ man jeweils zwei Probanden drei Sekunden miteinander verweilen. Wirklich nur drei Sekunden. Dann fragte man beide, wie sympathisch sie den andern fanden. Es ergab sich eine fünfundneunzigprozentige Übereinstimmung! Wenn ich also jemandem drei Sekunden gegenüberstehe und ihn mag, ist die Wahrscheinlichkeit, dass auch er mich mag, fünfundneunzig Prozent. Sympathie beruht also fast immer auf Gegenseitigkeit.

Wenn man denselben Probanden nun eine halbe Stunde Zeit gab, um miteinander „warm zu werden", erhöhten sich die Übereinstimmungen auf achtundneunzig Prozent. Man kann also sagen, dass so gut wie jeder, den ich mag, mich auch mag. Dies macht die ganze Sache deutlich einfacher für mich. Ich achte nicht mehr darauf, wer mich mag, und fordere auch keine Beweise mehr, sondern ich achte darauf, mit wem die Chemie stimmt, mit wem ich mich wohl fühle, mit wem ich Gemeinsamkeiten und ergänzende Eigenschaften habe, und weiß einfach, dass es dem Gegenüber genauso gehen muss. Wenn ich dann trotzdem abgelehnt werde, stelle ich schnell fest, dass dies nichts mit mir als Person zu tun hat. Derjenige hat dann tatsächlich einfach nur ein Problem. Probiere es doch einfach einmal aus. Wenn dir jemand sympathisch ist, dann erlaube dir dein Verbundenheitsgefühl in vollem Umfang und werde dir bewusst, dass er dich laut Studie auch mögen muss. Das macht gleich noch bessere Gefühle (und kann nebenbei auch noch zu schönen neuen Freundschaften führen).

Wenn du nun also jemanden magst und dich gemocht fühlst, hast du ein Gefühl von Verbundenheit und somit genügend Opium ausgeschüttet, um damit ein ganzes Stück leistungsfähiger zu sein. Es muss hier nicht gleich die bedingungslose Liebe sein und auch nicht ein Gefühl von „frisch verliebt“. Wenn du die oben genannten Fragen, was dir am anderen gefällt, nachvollziehen konntest, genügt das schon.

So, jetzt noch ein wenig Freude, und es kann losgehen. Kannst du dich darüber freuen, dass du dir jetzt ein auf einfachste Weise ein Verbundenheitsgefühl machen konntest? Oder kannst du dich darauf freuen, dass du bald erfolgreich sein wirst? Male dir doch in Gedanken einmal aus, wie du aussehen wirst, wenn du dein Ziel erreicht hast, und freue dich darauf.

> Wenn du regelmäßig auf Erfüllungsmerkmale achtest, um Verbundenheit zu empfinden, dich gemocht zu fühlen und dich zu freuen, wird sich dein Gehirn nachweislich umstrukturieren. Es wird viel empfänglicher für diese Reize werden.

Gehirntraining

Wie genau sich das Gehirn durch Training verändern lässt, ist erst seit noch nicht allzu langer Zeit nachvollziehbar.

Wir wissen schon immer, dass wir an manchen Körperstellen deutlich empfindlicher sind als an anderen. Verbinde dir bitte einmal die Augen und lass dir von einem Partner mit zwei Bleistiftspitzen gleichzeitig in den Finger stechen. Er soll die Spitzen immer weiter zusammenführen, bis du diese nur noch als eine Einheit wahrnimmst. Lass ihn dasselbe dann einmal an deinem Rücken tun. Du wirst feststellen, dass die als Einheit empfundenen Einstichstellen an deinem Finger wenige Millimeter auseinander liegen, an deinem Rücken jedoch bis zu sieben Zentimeter! Das ist noch nichts Neues.

Es ist auch klar, warum das so ist. Wir benutzen die Sinne unserer Hände und unseres Mundraums deutlich öfter als die unseres Rückens. So glaubte man bis vor kurzem, der Mensch sei so konstruiert, dass er von vornherein diese Prioritäten setze. Man glaubte, im Bauplan des menschlichen Gehirns seien Hände und Mundraum dem

Rücken vorgezogen worden. Dies wurde durch die moderne Gehirnforschung jedoch widerlegt.

Wir haben in unserem Gehirn viele Neuronen (niemand weiß, wie viele) mit wiederum vielen Synapsen. Nun ist unser Gehirn vorab dahingehend grob unterteilt, das bestimmte Areale bestimmten Körperteilen zugeordnet sind. So haben wir also für unsere Hand einen bestimmtes Areal in unserem Gehirn und ein anderes für unseren Rücken. Wie sensibel wir in welchem Körperbereich sind, hängt nun aber von der Größe des jeweiligen Bereichs ab, den unser Gehirn hierfür zur Verfügung stellt, das heißt, wie viele Neuronen mit wie vielen Synapsen wir für einen Bereich verwenden. Aber genau dies wird nicht vorgegeben, sondern durch die Häufigkeit der Inputs bestimmt. Jedes Mal, wenn ich meine Hand benutze, wird ein Impuls an das Gehirn geleitet. Jeder Impuls bildet neue Synapsen und verstärkt diese. Je öfter ich dies nun mache, umso mehr Neuronen werden für diesen Bereich herangezogen.

Ein Geigenspieler zum Beispiel hat für seine linke Hand deutlich mehr Neuronen zur Verfügung und folglich auch einen viel größeren Gehirnbereich hierfür ausgebildet als für seine rechte Hand, da er mit seiner linken Hand sehr viel feinfühliger und präziser sein muss. Kaum erwähnenswert, dass er sich natürlich im Vergleich zu einem Nichtmusiker noch deutlicher unterscheidet. Er benötigt also Fingerfähigkeiten, die er durch Üben erhält. Er trainiert jedoch nicht in erster Linie seine Finger, sondern sein Gehirn. Würde er mit seinem Rücken Geige spielen, wäre dieses Gehirnareal genauso trainiert und er würde bei dem oben genannten Bleistifttest die beiden Einstiche sehr detailliert unterscheiden können. Wir trainieren also unser Gehirn immer, ob wir wollen oder nicht. Alles was wir wahrnehmen, denken und fühlen, bekommt Platz in unserem Gehirn. Wenn wir uns nun sehr oft mit einem Thema beschäftigen, werden wir äußerst effektiv auf diesem Gebiet.

Wenn man also genug Übung darin hat, sich Sorgen zu machen, hat man unglaublich schnell Argumente und „Tatsachen“ griffbereit, die einem dann wieder einen Grund zur Sorge geben. Dies kommt einem dann vor wie die reine Wahrheit, dabei liegen die Gründe, die für Optimismus sorgen würden, lediglich im Verborgenen.

Selbst Gefühle werden auf diese Art und Weise trainiert. Choleriker werden nicht geboren, sie werden trainiert. Wenn sich jemand immer wieder in eine Wut hineinsteigert, sich über jeden zweiten Autofahrer aufregt, von den Kindern genervt ist und auch in der Firma jede Situation nutzt, die im Geringsten einen Wutausbruch rechtfertigen könnte, wird äußerst effizient darin, schnell einen heftigen Wutausbruch zu erleiden. Dies gilt natürlich für jedes Gefühl, auch für die positiven.

Die gute Nachricht ist, dass man sich sehr einfach umtrainieren kann. Je weniger man Wut trainiert, umso weiter bildet sich das dafür zuständige Gehirnzentrum zurück. Keine Sorge, es verschwindet nicht, es reduziert sich nur auf Normalmaß. Je öfter man im Gegenzug positive Gefühle trainiert, umso mehr bildet sich der entsprechende Bereich aus.

Gute Gefühle zu erhalten, um glücklich und in Folge dessen erfolgreich zu werden, ist reine Trainingssache.

Darum solltest du natürlich auch ganz alltägliche Begebenheiten nutzen, um die oben genannte Methode der Erfüllungsmerkmale anzuwenden. Je mehr unterschiedliche Situationen du nutzt, umso umfangreicher und abwechslungsreicher werden deine Gefühle sein, umso erfüllter wird dadurch dein Leben und umso leichter wird es dir fallen, diese Gefühle dann abzurufen, wenn du sie benötigst oder einfach nur haben möchtest.

Hier ein kleines Beispiel, wie ich das Alltäglichste der Welt für mein Training nutze.

Einfach nur ein Fertiggericht aufzuwärmen, in sich hineinzustopfen und in Gedanken die Einkommensteuererklärung zu erledigen ist sicher nicht die geeignete Methode, sein Glückszentrum zu trainieren:

„Was könnte ich denn heute kochen? Auf was habe ich denn Lust?", fragte ich mich beispielsweise eines Tages.

„Gemüsepfanne, ja, darauf habe ich Lust.", wurde mir klar.

„Okay, dazu muss ich erst mal einkaufen gehen. Aber was brauche ich denn dazu? Schaunmermal."

Ich ging also zum Markt, um meine Zutaten zu besorgen, und achtete darauf, was mich anlachte. Am meisten strahlte mich eine Zucchini an

„Boh, die lacht mich ja richtig an“, bemerkte ich.

„Und wie schön sie ist. So grün und so fest. Die sieht richtig gesund aus. Da sind alle Vitamine drin, die ich heute brauche. Natürlich auch alle Mineralien. Die wird mir richtig gut tun. Ach, natürlich hat sie auch noch gute Kohlenhydrate, gute Energie, die mich leistungsfähiger macht“, steigerte ich mich in meine guten Gefühle.

„Wie sie wohl schmecken wird?“, fuhr ich fort.

„Wenn sie gebraten und gewürzt ist und mit den anderen Zutaten auf meiner Zunge ein wahres Festival veranstalten wird ... Ach ja, was könnte denn zu meiner Zucchini am besten passen? Eine Zwiebel!", kam mir in den Sinn.

Und schon sprang mich eine Zwiebel förmlich an. Mir schoss natürlich gleich durch den Sinn, wie sie wohl in Kombination mit meiner Zucchini schmecken würde.

„Sie gibt genau die richtige Schärfe und den würzigen Geschmack, der meiner Zucchini ansonsten fehlen würde.“

Ich stellte mir genauestens vor, wie diese Kombination wohl schmecken würde. Plötzlich rief jemand meinen Namen.

„Thomas, hier bin ich!“, rief eine Paprika. Eine tiefrote Paprika.

Ich konnte die Vitamine fast sehen. Und ich spürte schon jetzt, wie sie der entscheidende i-Punkt meines Zehn-Sterne-Menüs sein würde. Wie sie knackig eine gewisse Frische in meinen Mund zaubern würde.

„Und dazu etwas Vollkornreis“, schoss mir in den Sinn.

Mit all meinen Zutaten fing ich nun an, mein Gemüse zu waschen. Hierbei nahm ich jedes einzelne Stück immer mehr, immer deutlicher wahr. Ich sah die Farben immer strahlender, und meine Hände fühlten die Konturen immer deutlicher.

Nun nahm ich mein Küchenmesser und schnitt mein Gemüse in Stücke – in genau die richtige Größe. Dabei nahm ich natürlich wahr, wie der Saft spritzte. Na klar, so frisch, wie mein Gemüse war, war es natürlich auch saftig. Nun erhitzte ich meine Bratpfanne mit Distelöl.

„Die ungesättigte Fettsäuren werden mir gut tun“, stellte ich mir vor.

Dann fing ich an, die Zwiebel anzubraten. Der beißende Dampf stieg in meine Augen und ließ sie tränen.

„Wow, ist die heftig!“, merkte ich deutlich. „Genau das Richtige für mich.“

Danach gab ich die Paprika hinzu. Wieder spürte ich bereits jetzt, wie knackig sie sich zerbeißen lassen würde.

Und nun fing ich an zu würzen. Himalaya-Salz und Pfeffer. Viel Pfeffer! Mir war schon jetzt bewusst, welchen Geschmack dieser frisch gemahlene Pfeffer abgeben würde. Dann natürlich Chili. Schon während ich die gehackten groben Chilischoten dazugab, spürte ich das Brennen auf meiner Zunge. Natürlich kamen noch mehr Kräuter hinzu.

„Und nun noch die Krönung – meine Zucchini!“, freute ich mich.

Ich gab also als Letztes die Zucchini in die Pfanne und rührte so lange, bis alles gar war. Dabei freute ich mich immer mehr auf mein Zwanzig-Sterne-Menü.

Als endlich alles fertig war, ich mir mittlerweile eine Kerze aufgestellt hatte und es mir so richtig schön gemacht hatte, konnte mein Mahl beginnen. Du kannst dir denken, wie es mir geschmeckt hat!

Ein weiteres Beispiel soll verdeutlichen, wie man wirklich mit den normalsten Gegebenheiten an die schönsten Gefühle kommen kann.
Man kann sich zum Beispiel mit einer Blume in eine Glücksekstase steigern, bis die Tränen kommen, man muss es aber auch nicht unbedingt übertreiben. Nimm dir dazu alle Zeit der Welt:

- Setz dich doch einmal vor eine Blume und nimm ihre Schönheit wahr.
- Achte nun auf jedes Detail.
- Nimm dir nun ein einzelnes Blatt der Blüte vor:
- die Farbnuancen,
- den Rand,
- die Zartheit,
- die Leuchtkraft.
- Nimm nun auch den Duft der Blüte wahr.

Wenn ich mir auf diese Weise jedes Detail dieser Blume anschaue und dabei jedes Mal die Schönheit und die Einzigartigkeit erkenne, komme ich förmlich in einen Rauschzustand. Da ich mich schon mit einer einzigen Blume in einen solchen Glückszustand zu versetzen vermag, kommt mir danach mein Garten vor wie der Garten Eden. Jede Pflanze zeigt sich in einer anderen Schönheit.

Diese Wahrnehmung kann man natürlich trainieren. Man lernt auf diese Art und Weise, das Schöne am Leben zu erkennen. Wer sich schon einmal verliebt hat, weiß, wovon ich spreche. Hier macht das Unterbewusstsein genau dasselbe wie eben beschrieben. Man geht unbewusst auf die Suche nach dem Schönen bei seinem Partner. Nicht einmal wehren kann man sich gegen das Kribbeln im Bauch. In dieser Zeit sieht man interessanterweise nicht nur den Partner mit diesen Gefühlen, sondern das ganze Leben scheint sich positiv auszurichten. Und genau diesen Effekt kann man nutzen. Es gibt so viele schöne Dinge auf der Welt, man muss sie nur wahrnehmen. Allein dadurch wird das Leben deutlich schöner, man wird natürlich leistungsfähiger, und der Hippocampus wächst ein Stück nach.

Das Ganze ist wirklich so einfach. Wenn du immer, bevor du etwas beginnst, diese Übung machst, wird es dir nach einer kurzen Zeit ganz normal vorkommen und noch etwas später zu einer Angewohnheit werden. Es wird dann von ganz allein geschehen, ohne dass du es noch bewusst aufrufen musst, denn es wird von deinem Unterbewusstsein als eine Regel erkannt werden, die es zu befolgen gilt.

Wenn du Menschen merkwürdig findest, die mit schlechter Laune etwas bewegen wollen, weißt du, dass du diese Übung erfolgreich umgesetzt hast. Noch verrückter klingt es für Außenstehende, wenn du irgendwann sagst: „Du kannst doch kein Problem lösen, ohne dass du glücklich bist!". Aber genau das ist die Wahrheit – mit schlechten Gefühlen sind die Erfolgsaussichten deutlich geringer als mit guten.

Um dies noch einmal zu betonen: Wenn du einen Automatismus erreichen möchtest, bedarf es am Anfang einer gewissen Konsequenz. Ansonsten erkennt dein Unterbewusstsein nicht die neue Regel. Mach dir wirklich bei allem, was du tust, klar, dass du dich als Erstes um deine Botenstoffe kümmern musst und erst dann mit der eigentlichen Tätigkeit beginnen kannst. Die oben aufgeführte Übung sollte nach ein paar Tagen nur noch Sekunden dauern.

Übrigens: Ein kleiner, aber nicht unbedeutender Nebeneffekt dieser Übung ist, dass du nachweislich deutlich mehr Fresszellen produzierst, die Bakterien, Viren und sogar Krebszellen vernichten. Mit dieser Art der Fortbildung tust du also richtig was für deine Gesundheit!

Damit bin ich beim nächsten Thema: Das Ganze wirkt sich natürlich auch körperlich aus. Wenn du zum Beispiel glaubst, dass du abnehmen kannst, indem du deine Problemzonen ablehnst, hast du dich getäuscht. Was du brauchst, ist einen möglichst starken Körper und einen starken Willen. Den erhältst du, wie dir mittlerweile sicher klar geworden ist, über positive Grundgefühle. Wie einen Angst schwächt oder welche Auswirkungen Ablehnungsgefühle auch auf den Körper haben, hat ja jeder schon am eigenen Leib erfahren. Wie viel mehr Kraft und Durchsetzungsvermögen man jedoch mit einer guten Grundstimmung erreicht, ist auch nicht wirklich neu.

Nun ist also klar, dass du dich für deine Weiterentwicklung und Weiterbildung nicht mehr ablehnen wirst, sondern dir eine emotionale Basis schaffen wirst, mit der du dein Potenzial voll ausschöpfen kannst und bestmöglich förderst. Damit kommst du sehr schnell in Bereiche, die dir bis dahin nicht möglich erschienen.

> Schlechte Gefühle sorgen langfristig dafür, dass das Gehirn erheblich beschädigt wird und bewirken kurzfristig, dass unsere Denk- und Verarbeitungsprozesse blockiert werden.
> Gute Gefühle sorgen langfristig dafür, dass Gehirnzellen nachwachsen und bewirken kurzfristig, dass das Gehirn deutlich aktiviert wird und wir somit in jeder Hinsicht leistungsfähiger werden.

6. Die Durchführungsphase

Erfolg zeichnet sich nicht nur dadurch aus, dass man etwas gut beherrscht – man muss es auch am entscheidenden Tag umsetzen. Tja, wir sind tatsächlich keine Leistungsgesellschaft, sondern eine Erfolgsgesellschaft. Dies ist beim Sport am deutlichsten zu sehen. Wer interessiert sich schon für den Zweiten? Um Vizeweltmeister zu werden, muss man schon eine verdammt gute Leistung bringen, was aber niemanden interessiert. Auch die Trainingserfolge zählen nicht, lediglich der Meisterschaftstitel zählt.

Wenn du nun an deine entscheidenden Tage zurückdenkst, bist du dann zur Höchstform aufgelaufen? Manchmal ja, manchmal nein? Hattest du bei deiner mündlichen Prüfung deinen besten Tag? Bei deinem Vorstellungsgespräch? Manch einer wäre schon froh gewesen, wenn ihm bei seiner Prüfung noch sein Name eingefallen wäre. Es ist wirklich so, dass es Leute gibt, die in einer solchen Stresssituation ihren Namen vergessen. Das nennen wir dann Blackout. Doch was genau geschieht in unserem Gehirn, wenn unsere Leistung in den Keller geht?

Schauen wir hierzu wieder einmal nach, was uns die moderne Gehirnforschung darüber sagt.

Der Weglaufimpuls

In unserem Gehirn gibt es einen Bereich, der Mandelkern (Amygdala) genannt wird. Diesem haben wir das Überleben unserer Rasse zu verdanken. Immer wenn wir in eine lebensbedrohliche Situation geraten, gehen die Impulse unmittelbar in diesen Mandelkern. Dieser veranlasst, dass wir direkt losrennen können, noch bevor die Informationen an die Denkzentrale weitergegeben werden.

Es werden alle Hormone ausgeschüttet, die uns ermöglichen, so schnell wie möglich zu laufen. Schmerzen werden kaum noch wahrgenommen, das Immunsystem wird deaktiviert, Fortpflanzungsorgane werden außer Funktion gesetzt, das Gehirn wird weitestgehend ausgeschaltet, der Blutdruck wird erhöht, die Muskulatur wird durchblutet, und los geht's. Du hast richtig gelesen, das Gehirnareal, das zum Denken verwendet wird, wird tatsächlich ausgeschaltet. Probanden im Scanner hatten unter Todesangst tatsächlich keine weiteren Gehirnaktivitäten mehr zu verzeichnen – nur noch die lebensnotwendigen Steuerfunktionen für Muskeln, Herzschlag usw. waren in Betrieb. Das für das Denken zuständige Großhirn war komplett deaktiviert. Wenn man es genau betrachtet, ist es ja auch gut so. Stell dir einmal vor, du gehst durch den Wald, und plötzlich geht ein Säbelzahntiger auf dich los. Das ist sicher nicht der richtige Zeitpunkt für Diskussionen oder andere hochgeistige Tätigkeiten. Jetzt heißt es nur noch „weg".

Es hat zwar nichts mit Erfolg zu tun, aber durch diese Forschungsergebnisse weiß man nun, warum Stress auf Dauer impotent macht. Wie bereits erwähnt, werden durch den aktivierten Mandelkern die Fortpflanzungsorgane außer Funktion gesetzt. Das ist natürlich sinnvoll, da man ja kaum an Sex denkt, wenn man gerade von einem Mammut verfolgt wird. In der Wildnis war diese Situation jedoch schnell vorbei, im heutigen Umfeld leider nicht, da es uns häufig gelingt, auch ohne Mammut Dauerstress zu haben. Nun ja, wenn wir diese Organe dann zu lange am Stück deaktiviert hatten, ist die Maschine defekt.

Wenn wir also etwas wahrnehmen und unsere Instinkte dies als Gefahr deklarieren, wird der

Mandelkern aktiviert und das restliche Gehirn mehr oder weniger ausgeschaltet.

Tatsächlich ging ich vor einiger Zeit mit meiner Frau im Wald spazieren. Wir liefen an einem Wildschweingehege entlang. Die Tiere hatten gerade Frischlinge und waren nicht besonders gut gelaunt, wenn man zu nah kam. Aber der Zaun, der sich zwischen uns befand, beruhigte mich doch ungemein. Da fiel mir doch die Geschichte ein, die mir ein Freund erzählte. Er wurde von Wildschweinen verfolgt und flüchtete damals aus lauter Verzweiflung auf einen Hochsitz, auf dem er dann stundenlang verharren musste. Als er diese Geschichte erzählte, hatte ich mich vor Lachen bald weggeworfen. Doch als ich diese Brummer nun leibhaftig vor mir sah, dachte ich mir, dass auch ich ein Problem hätte, wenn diese auf mich losgehen würden. Doch glücklicherweise waren wir ja durch einen Zaun voneinander getrennt. Ich hatte diesen Gedanken noch nicht ganz zu Ende gedacht, als ich unmittelbar vor uns – und zwar auf *unserer* Seite des Zaunes – vier riesige Wildschweine sah, die im vollen Schweinsgalopp auf uns zurasten. Sie waren wild entschlossen, ihre Frischlinge gegen uns Eindringlinge zu verteidigen.

Was soll ich sagen – Mandelkern an, Hirn aus und nix wie weg! Nun ja, was macht man, wenn man ohne Hirn unterwegs ist? Klar, wir kletterten, so schnell wir konnten, über den erstbesten Zaun, um uns damit in Sicherheit zu bringen. Dummerweise kletterten wir damit direkt in das Wildschweingehege hinein, denn dort waren wir ja „hinter" dem Zaun.

Nun standen wir also relativ hirnlos mitten im Wildschweingehege. Vor dem Zaun warteten wutschnaufende Monster auf uns, während hinter uns die Wildschweine des Geheges anfingen, sich zu versammeln. So langsam wurde uns glücklicherweise klar, dass wir nun dringend Plan B benötigen und dazu etwas mehr Kreativität an den Tag legen sollten als einfach wegzulaufen. Also kletterten wir wieder auf den Zaun, und beruhigten uns so langsam wieder. Zwar standen mittlerweile auf beiden Seiten unsere Feinde, doch hinaufklettern konnten sie ja zum Glück nicht. Die Ersten, die ihr Interesse an uns verloren, waren ausgerechnet die Schweine des Geheges. Folglich kletterten wir wieder hinunter in das Gehege, schlichen uns durch feindliches Territorium und entkamen.

Nun bin ich mir also nicht einmal sicher, ob ein bisschen Gehirn nicht doch auch in solchen Situationen tätig bleiben sollte, aber wie dem auch sei: Wie oft hattest du im letzten Jahr schlechte Gefühle bzw. Stress? Und wie oft bist du dabei von Wildschweinen verfolgt worden?

Das Problem liegt darin, dass uns unsere Instinkte vorgaukeln, dass der Vortrag, den wir vor Hunderten von Teilnehmern halten sollen, eine Gefahr bedeutet, und damit natürlich auch hier den Denkapparat ausknipsen. Wir stellen uns vor ein Prüfungskomitee, schalten den Mandelkern ein, das restliche Gehirn aus und wundern uns dann, was für einen Mist wir stammeln. Schauspieler nennen das dann Lampenfieber, „normale“ Menschen nennen es „dumm gelaufen“. Und wie du dich erinnerst, sterben zu allem Unglück dabei auch noch Gehirnzellen in erheblichem Maße ab, die wir beim nächsten Prüfungstermin dann nicht mehr haben.

Unser Mandelkern ist dafür zuständig, uns in Gefahrenmomenten so schnell wie möglich auf eine Flucht vorzubereiten.
Nur ist diese Funktionsweise in der heutigen Zeit leider meistens kontraproduktiv.
Darum ist es notwendig, den Mandelkern mit den richtigen Informationen zu versorgen, um in jeder Situation möglichst angemessen zu reagieren.

Instinkte

Aber warum tun unsere Instinkte denn so etwas?

Unsere Instinkte haben sich zu einer Zeit entwickelt, als wir noch in kleinen Rudeln in der Wildnis hausten und alle aufeinander angewiesen waren. Wenn jemand nicht richtig funktionierte, konnte dies das Überleben des gesamten Rudels in Gefahr bringen. Und das Überleben war hier wirklich gefährdet. Es war weder sichergestellt, dass man genügend zu essen oder zu trinken, noch, dass man einen warmen Schlafplatz hatte. Wirklich schlimm aber wurde es für einen Einzelnen, wenn dieser von seinem Rudel ausgestoßen wurde. Allein hatte man in der

Wildnis tatsächlich nicht die geringste Überlebenschance.

Hier ging es also nicht darum, ob man andere mochte, oder ob man gemocht wurde, es ging eher darum, den Anforderungen der anderen zu genügen. War dies nicht der Fall, sank man im Ansehen der Gruppe und lief Gefahr, Dinge tun zu müssen, die sonst niemand machen wollte. Musste zum Beispiel überprüft werden, ob eine neue Höhle bewohnbar war oder ob ein Bär darin hauste, wurde derjenige hineingeschickt, auf den man am ehesten verzichten konnte. Wenn man es jedoch geschafft hatte, ganz weit oben im Rudel angesiedelt zu sein, hatte man dadurch etliche Vorteile. Das Leben hier war also ein Überlebenskampf, mit Rangeleien, um im Rudel so angesehen wie möglich zu sein und dadurch nicht verstoßen zu werden.

Interessanterweise tun unsere Instinkte noch heute so, als hätte sich nichts geändert. Wenn wir vor einem Prüfungskomitee stehen, kommt es uns in diesem Moment so vor, als sei dies unser Rudel, und wir blenden dabei aus, dass unser wirkliches Rudel eigentlich ein ganz anderes ist. Nun stehen wir in dieser Situation auch noch im

Rampenlicht, und es ist sogar eindeutig klar, dass diese Menschen darüber entscheiden, ob wir bestehen werden oder nicht. Emotional ist das so, als würden sie damit über Leben und Tod entscheiden. Wenn du einen Fehler machst, wirst du abgelehnt, also verbannt und damit in den Tod geschickt. Es fühlt sich fast so an, als würdest du auf einem elektrischen Stuhl sitzen, und wenn du versagst, ... In diesem Moment kommt unser Mandelkern ins Spiel. Er bereitet dich auf die Flucht vor und schaltet dein Gehirn aus. So kann man sich sehr einfach einen Blackout erklären.

Dabei ist die Situation ja nicht wirklich lebensbedrohlich, sondern einfach nur wichtig. Wer sich schon einmal in solch einer Situation befand und es danach trotz einer Niederlage überlebt hat, weiß, dass sich das Ganze tatsächlich nur auf der Gefühlsebene abspielt.

Stress ist also nicht in den Situationen als solchen zu finden, sondern in unseren Bewertungen. Natürlich gibt es auch ab und an echte Gefahren, ansonsten hätte ich mir dieses Mandelding schon längst entfernen lassen. Aber prinzipiell entscheiden wir instinktiv selbst, ob wir in einer bestimmten Situation Stresshormone ausschütten oder nicht.

Noch verrückter wird es, wenn es unsere Instinkte mit der heutigen Technik zu tun bekommen, auf die sie in der Urzeit natürlich überhaupt nicht vorbereitet wurden:

Hierbei geht es um die Angst vor körperlicher Gewalt, also die Angst, erschlagen, erschossen oder aufgefressen zu werden. „Habe ich nicht", werden viele sagen. Dachte ich auch. Aber wir alle haben unsere Instinkte und natürlich auch ein Unterbewusstsein, einen Datenspeicher mit nahezu unendlicher Kapazität. Wie verschoben mein Realitätsempfinden war, wurde mir erst wirklich klar, als ich mir ausrechnete, wie viele Morde ich bisher gesehen hatte.

44 Jahre mal 365 Tage pro Jahr mal 5 Morde pro Tag sind über 80.000 Morde – achtzigtausend! Ich denke, wenn ich die Nachrichten und den Schrott, den ich mir all die Jahre über im Fernsehen angeschaut habe, zusammenrechne, habe ich mit 5 Morde pro Tag nicht zu hoch gegriffen – oder?

In diesen Medium ist es normal, erschossen zu werden, und es ist normal, dass Probleme mit Gewalt gelöst werden. Nur sieht die Realität doch zum Glück ganz anders aus. Da der Fernseher aber in meinem Wohnzimmer steht, gehört er zu meinem unmittelbaren Umfeld. Das merkt man schell, denn wenn man regelmäßig eine Serie schaut, werden die Darsteller zu Freunden. Wenn die Crew vom Raumschiff Enterprise an mir vorbeigelaufen wäre, hätte ich sie begrüßt wie alte Freunde. Ich gehörte zu dem Team dazu, es war mein Rudel.

Beim Abspeichern von Erfahrungen macht mein Gehirn kaum einen Unterschied, ob ich es selbst erlebt habe oder mir auf diese Art aufgesaugt habe – schließlich waren unter den 80.000 Mordopfern auch eine Menge Freunde aus meinem jeweiligen TV-Rudel dabei! Und genau hier liegt der Hund begraben. Man hat das Gefühl, die Welt ist brutal und schlecht. Doch in meinem wirklichen Umfeld erlebe ich das ja nicht. Nicht, dass es keine Gewalt gibt, aber in meinem wirklichen Umfeld werden nicht ständig Leute erschossen oder zusammengeschlagen.

Diese Sichtweise der Welt hat natürlich einen erheblichen Einfluss auf unser Denken und auf unser Verhalten. Wir bekommen in bestimmten Situationen unbegründete Ängste und können nicht einmal zuordnen, woher diese stammen.

Genau diese Gefühle habe ich für mich überprüft. Was dabei herauskam, erstaunte mich gewaltig. Ich ging in Gedanken jede mögliche Alltagssituation durch und stellte mir die Frage, woran ich erkennen könne, dass mein Leben hierdurch nicht in Gefahr gerät.

„Kommt mein Leben in Gefahr, wenn ich stark bin?“ war die erste Frage. Ich fühlte natürlich genau hin, was ich dabei empfand.

„Und wenn ich schwach bin?“ Hier bekam ich Resonanz.

Ups, *deshalb* muss ich manchmal den starken Mann markieren, um nicht angegriffen zu werden. Ich hinterfragte, wie die Realität aussah.

„Schwache Menschen werden in Deutschland nicht einfach ermordet“, leuchtete mir ein.

Nach mehrmaliger Wiederholung dieser Erkenntnis breitete sich Erleichterung in mir aus.

Ich zog diese Übung drei Tage lang durch und erklärte dann Sabine, was ich genau gemacht hatte, indem ich die Übung anhand eines anderen Beispiels wiederholte (ich schrieb damals gerade an meinem ersten Buch):

„Käme unser Leben in Gefahr, wenn das Buch richtig erfolgreich würde?“, fragte ich Sabine. „Ich glaube, darüber muss ich selbst erst einmal nachdenken!“, fügte ich spontan hinzu.

Sabine sah mich an und sagte: „Dann wären wir ja sehr bekannt, und 'die' kämen scharenweise, um uns zu erschießen.“

Natürlich kam diese Antwort rein aus ihrem Gefühl. Ihr Verstand sagte natürlich etwas anderes. Aber auf der emotionalen Ebene ging es tatsächlich nicht einmal mehr darum, *ob* wir erschossen würden, sondern *wann*.

Interessanterweise hatte ich dasselbe Gefühl: Erfolgreich heißt tot. Hm, das sind ja schöne Aussichten.

Nun stellte ich mir die Frage, ob ich auch für diese Situation erkennen könnte, dass hier keine erhöhte Gefahr bestand.

„Was ist denn mit James Redfield und Neale Donald Walsch? Wieso leben die denn eigentlich noch? Die haben ihre Bücher zig Millionen Mal verkauft und haben die Kirche und wen auch immer angegriffen. Und sie leben in Amerika, wo man doch viel eher erschossen wird als in

Deutschland. Warum lebt denn Stefan Raab noch? Wann ist denn überhaupt das letzte Mal jemand erschossen worden, nur weil er berühmt war? John Lennon und sonst niemand. Vielleicht Politiker, aber ansonsten?“

Mir wurde klar, dass Erfolg nicht bedeutet, erschossen zu werden. Diese Erkenntnis brachte mir tatsächlich richtig Erleichterung. Aber nicht nur das. Stell dir bitte einmal vor, wie das Leben aussieht, wenn jemand Erfolg anstrebt und gleichzeitig Angst davor hat. Entweder ist er unzufrieden, weil der Erfolg ausbleibt, oder er lebt in Ängsten, weil er ihn erreicht hat.

Es geht hier also darum, über den Verstand dem Gefühl klar zu machen, dass hier ein Missverständnis vorliegt. Wenn wir eine Erkenntnis als wahr betrachten, wird sie von unserem Unterbewusstsein übernommen und löst ab dann andere Gefühle aus. Natürlich ist auch in diesem Fall die Wiederholung wichtig. Das Schöne an dieser Übung war, dass ich dieses Thema erledigt hatte, bevor es Schaden anrichten konnte.

Selbstverständlich gibt es auch Situationen, bei denen tatsächlich eine erhöhte Gefahr besteht. Die möchte ich nicht ignorieren oder verdrängen, es geht einzig und allein darum, der Wirklichkeit ein Stück näher zu kommen.

Wie gesagt, neurologisch betrachtet wird der ganze Schrott, den man in Filmen und so genannten Dokumentationen sieht, als Erfahrung abgespeichert. Gerade die Nachrichten und Berichterstattungen behaupten von sich ja gerne, die Wahrheit zu berichten. Nur wird hier das Schlimmste, das auf der ganzen Welt mit über sechs Milliarden Menschen geschieht, auf eine Viertelstunde konzentriert und in das eigene Wohnzimmer, also unser Umfeld gebracht. Da wir instinktiv jedoch nur in Größenordnungen von frühzeitlichen Rudeln, also ca. fünfzig bis einhundertvierzig Menschen, empfinden, erscheint es so, als wäre aus diesem kleinen Umfeld eine erhebliche Zahl von Rudelmitgliedern umgekommen. Wir können sechs Milliarden Menschen emotional nicht einordnen.

Somit bekommt man nach einiger Zeit das Gefühl, dass die Welt immer schlechter wird. Solche Erfahrungswerte können unserem Erfolg tatsächlich im Weg stehen, und dabei ging es, sachlich betrachtet, noch keiner Generation in noch keinem Land jemals so gut wie uns heute im deutschsprachigen Raum – nicht nur was den

Schutz vor tatsächlich lebensbedrohlichen Situationen angeht.

Um dein „Angstsystem“ zu beruhigen, gilt es also, eine realistische Einschätzung für dein Leben zu bekommen. Dazu gehe bitte alle Situationen, die mit deinem Ziel und deinem Erfolg zu tun haben, mit folgender Fragestellung durch:

„Woran kann ich erkennen, dass durch das Erreichen meines Ziels mein Leben keiner erhöhten Gefahr ausgesetzt wird?“

> Da unsere Instinkte zu einer Zeit entstanden, als wir noch in kleinen Gruppen in der Wildnis lebten und tagtäglich um unser Überleben kämpfen mussten, bewerten wir auch in der heutigen Zeit Situationen als lebensbedrohlich, die es in Wirklichkeit gar nicht sind.

Die Stunde der Wahrheit

Je näher jetzt der Tag der Tage rückt, umso wichtiger wird es, dass du es jederzeit schaffst, deinen Mandelkern unter Kontrolle zu halten. Wenn du keinen Mentaltrainer in der Tasche hast, der dich aus dem Tal des Todes ziehen kann, darfst du auf keinen Fall warten, bis der Mandelkern loslegt. Denn wenn dein Hirn erst einmal offline ist, wird es schwierig, dir selbst zu helfen. Also brauchen wir eine Übung, mit der du dir innerhalb kürzester Zeit selbst klar machst, was Sache ist.

Wenn du also vor deinem großen Ereignis stehst, geh die Situation mit folgender Fragetechnik durch, um dadurch deinen Instinkten klar zu machen, wie die Welt von heute wirklich aussieht:

- Kommt dein Leben durch diese Situation in Gefahr?
- Besteht die Gefahr, dass du deswegen verhungern könntest?
- Und wenn du es total verhaust, warum wirst du deswegen trotzdem nicht verhungern?
- Es ist also sicher, dass du tatsächlich nicht verhungern wirst.
- Besteht aber die Gefahr, dass du erfrieren könntest?
- Blödsinn, oder?

- Du wirst also wegen dieses Ereignisses auch nicht erfrieren.
- Erschlagen? Wird dich jemand bei diesem Ereignis erschlagen?
- Natürlich nicht, stimmt's?
- Dabei ist noch niemand erschlagen worden, folglich wirst auch du nicht erschlagen werden.
- Wie du siehst, ist dein Leben nicht in Gefahr.
- Kann aber dein Glück durch dieses Ereignis in Gefahr geraten?
- Besteht die Möglichkeit, dass du niemanden mehr mögen kannst?
- Natürlich besteht diese Gefahr nicht. Es gibt immer genügend Menschen, die du mögen kannst.
- Auch wenn du dieses Ereignis vollkommen versemmelst, du kannst genügend Menschen mögen.
- Wer fällt dir hierzu ein?
- Werden diese Menschen dich auch noch mögen, egal, was bei diesem Ereignis geschieht?

- Und wird es auch wieder einen Tag geben, ab dem du dich wieder freuen kannst, egal, was geschieht?
- Über was zum Beispiel wirst du dich wieder freuen können?
- Und genießen? Wirst du auch wieder genießen können?
- Was zum Beispiel?
- Wie du siehst, wirst du durch dieses Ereignis, was auch immer geschieht, dein Glück nicht verlieren.
- Dein Leben und dein Glück geraten also nicht in Gefahr.

So komisch dir diese Übung auch vorkommen mag, sie versorgt deine Instinkte mit der Wahrheit, und dein Mandelkern bleibt unter Kontrolle. Dies ist die Basis, auf der wir aufbauen können. Mit dieser Basis geht es dir zwar noch nicht gut, du bist auch noch nicht voll leistungsfähig, aber du hast eine Grundlage, auf der du deine Erfolgsemotionen aufbauen kannst. Außerdem wird bei dieser Übung noch Serotonin, ein Botenstoff, auf den wir später noch ausführlich eingehen werden, ausgeschüttet.

Indem wir uns wiederholt klar machen, wie die Welt von heute wirklich ist, dämpfen wir den Mandelkern auf Normalmaß und bleiben dadurch in der Lage, in jeder Situation angemessen zu reagieren.

Noch eine interessante Erkenntnis aus dem Scanner: Auch Singen oder Pfeifen dämpft den Mandelkern. Darum ist es gar nicht so abwegig, dass jemand, der durch einen dunklen Wald geht und Angst bekommt, ein Lied pfeift. Wie praktikabel diese Lösung jedoch für unsere Zwecke ist, steht auf einem anderen Blatt – oder kannst du dir vorstellen, dem Prüfungskomitee erst einmal ein Liedchen zu trällern? In anderen Situation, z. B. auf dem Weg zur Prüfung, ist diese Methode jedoch durchaus einsetzbar.

Nachdem wir jetzt unseren Mandelkern beruhigt haben, benötigen wir als Erstes die Emotionen, die unser Potenzial bestmöglich entfalten. Wie bereits gesagt, wird nachweislich unser Gehirn deutlich aktiver und leistungsfähiger, wenn es mit Dopamin und endogenen Opiaten versorgt wird. Was für eine bestmögliche Vorbereitung richtig war, ist natürlich auch bei der Ausführung von immenser Bedeutung. Gleichgültig, in welchem Bereich wir die beste Leistung bringen müssen, unser Hirn sollte auf jeden Fall auf Hochtouren laufen. Darum dienen uns Freude und Verbundenheit als Grundgefühle für jegliche Leistung.

Ein aktiver Mandelkern bedeutet, dass unser Denkapparat deaktiviert ist.
Neutrale Gefühle bedeuten, dass wir normal denken und verarbeiten können.
Freude und Verbundenheitsgefühle sorgen für eine Aktivierung des kompletten Gehirns und erhöhen unsere Leistungsfähigkeit um ein Vielfaches.

Als ehemaligem Manager und jetzigem Mentaltrainer von Sportlern und Geschäftsleuten ist mir natürlich klar, dass ein Profi-Bodybilder auf der Bühne eine Gefühlswelt benötigt, die ihm eine Siegerausstrahlung verschafft, und ein Gedächtnissportler Gefühle benötigt, die seine Merkfähigkeit idealisieren. Bei einer Hochzeitsansprache benötigt man andere Gefühle als bei einem Vortrag vor einem Wirtschaftsgremium. Es geht hier also nicht darum, dass ich einem Manager empfehle, mit dem Gefühl „Ich habe euch alle lieb“ vor die Gewerkschaftsversammlung zu treten. Hier benötigt man natürlich eine ganz andere Gefühlswelt. Aber nichtsdestotrotz, so unglaublich es auch klingen mag, der Vize-Europameister im Thaiboxen hat genau so von den Grundgefühlen Zuneigung und Freude profitiert wie der Weltmeister im Surfen und der Europameister im Tourenwagenrennen – nicht zuletzt, weil Dopamin zusätzlich auch noch für einen flüssigen Bewegungsablauf sorgt.

Bei der parkinsonschen Krankheit zum Beispiel ist man nicht mehr in der Lage, genügend Dopamin zu produzieren, was dann wiederum das bekannte Zittern nach sich zieht. Je mehr Dopamin im Blut vorhanden ist, umso koordinierter und flüssiger sind die Bewegungsabläufe. Gerade bei Sportlern ist eine gute und schnelle Bewegungsausführung das A und O.

Obwohl definitiv jede von mir gecoachte Person vollkommen andere Emotionen für die Ausübung ihrer Tätigkeit benötigt, bestätigten mir alle, dass sich durch die Aktivierung der genannten Grundgefühle ihre Leistungen deutlich verbesserten.

Ein Boxer mit Verbundenheitsgefühlen? Natürlich! Zum einen ist es bereits klar, wenn wir wissen, wie das Gehirn arbeitet. Ein Boxer sollte zwar hart zuschlagen können, aber er sollte auch immer den Überblick bewahren. Hier nutzt der Mandelkern genauso wenig wie solch destruktive Gefühle wie zum Beispiel Wut oder Hass.

Eine zweite interessante Erkenntnis kommt noch hinzu. Wenn du auf Grund deiner Instinkte glaubst, dass du bei Versagen im Rudel nach hinten rutschst oder gar von deinem Rudel verstoßen wirst, besteht eine große Versagensangst, die wiederum den Mandelkern aktiviert und dadurch den Weglaufimpuls auslöst. Das ergibt für den Boxer genauso wenig Sinn, wie für den Manager. Instinktiv kommt es uns so vor, als würde unser Leben in Gefahr geraten, wenn wir verlieren oder versagen.

Wenn ich es jedoch schaffe, mit ein paar Übungen meinen Instinkten klar zu machen, dass ich im Fall eines Versagens nicht verstoßen werde, bin ich in der Lage, Höchstleistung zu bringen. Diese konnten wir bei dem Thaiboxer sogar an seiner körperlichen Kraft messen. Da der unnötige Leistungsruck verschwunden war, verschwand damit auch die Anspannung, was wiederum eine bessere Schnellkraft brachte, denn bei einer Anspannung bzw. Verkrampfung arbeiten die Muskeln gegeneinander. Er war dadurch tatsächlich körperlich stärker und auch deutlich schneller und beweglicher.

Ist diese Grundlage erst einmal geschaffen, muss man nur noch die themenspezifisch benötigten Emotionen ergänzen. Wir unterscheiden also zwischen einem positiven Grundgefühl, mit dem ich an mein Opium und Dopamin komme, und dem spezifischen Gefühl, das zu meiner Tätigkeit passt.

Ich denke, eines ist klar: Verbundenheit und Freude sind natürlich nicht nur dazu da, meine Botenstoffe auszuschütten und mich leistungsfähig zu machen, sondern sie lassen mich auch sympathisch, aufgeschlossen und souverän wirken. Wer zum Beispiel vor einer Gruppe steht, seinen Mandelkern im Griff hat und auch noch so aussieht, als würde er die Gruppenteilnehmer mögen und sich auf sein Vorhaben freuen, hat doch schon so gut wie gewonnen.

Nun gibt es natürlich mehrere Möglichkeiten, an diese Gefühle zu kommen. Wenn du deine Übungen aus den vorherigen Kapiteln regelmäßig durchgeführt hast, sollte es für dich schon jetzt kein Problem mehr sein. Du kannst natürlich direkt bei den Menschen, die zum Beispiel mit deiner Prüfung zu tun haben, auf die Erfüllungsmerkmale achten. Wenn du also bei deiner Erfolgsgeschichte mit Menschen zu tun hast, nutze sie!

Was ist einfacher, als einen sympathischen Menschen zu mögen? Wenn man sich vornimmt – und ich meine wirklich *vornimmt*, jemanden zu mögen, geht das fast immer. Irgendetwas hat jeder an sich, das man schön oder nett finden kann. Und wenn du das Glück hast, vor vielen Menschen zu stehen, wird es ganz einfach. Such dir einfach die sympathischsten aus und frage dich, was genau du an ihnen magst. Übe dies, wie bereits gesagt, am besten schon vorher bei jeder Gelegenheit. Das nächste Mal versuche doch einmal, an jemandem, der dir nicht gleich sympathisch erscheint, etwas zu finden, was dir gefällt. Aber übertreibe es bitte nicht – ich will ja schließlich nicht, dass man dich in die Psychiatrie einweist oder dass du eins auf die Mütze bekommst. Aber ich denke, du wirst feststellen, dass fast jeder etwas hat, mit dem du dir dein Opium „beschaffen“ kannst.

Und die liebe Freude brauchen wir ja auch noch. Hierzu empfehle ich die Vorfreude. Mal dir doch einmal aus, wie sich der Erfolg anfühlen wird, wie er „schmecken“ wird. Viele freuen sich aus Angst vor der Enttäuschung lieber nicht zu früh. Diese Maßnahme ist nach allem, was wir bis jetzt gelernt haben, natürlich Schwachsinn. Wir brauchen Dopamin, also steigern wir uns auch in die Vorfreude. Und wenn das Ganze dann doch in die Hose geht, haben wir einfach Pech gehabt und uns umsonst gefreut. Ist doch immer noch besser, als umsonst Angst gehabt zu haben.

Freude und Verbundenheit im richtigen Maße sind tatsächlich die Basis eines jeden Erfolges. Selbstverständlich benötigen wir dann noch themenspezifische Gefühle, die uns dann entweder stark, entschlossen oder was auch immer machen, aber die beiden Grundgefühle sind die Basis, auf der alles andere aufbaut.

Themenspezifische Gefühle

So, nun benötigen wir, wie gesagt, noch die themenspezifischen Gefühle. Hierzu ist es wichtig zu wissen, dass Gefühle auch unsere Wahrnehmungsausrichtung beeinflussen. Wenn wir uns zum Beispiel gerade emotional verletzt fühlen und an unsere bisherigen Beziehungen denken, fallen uns, wie auf einer Perlenkette aufgereiht, sämtliche Situationen ein, in denen wir verletzt wurden. Wenn wir an die Zukunft denken, können wir uns dann gar nicht mehr vorstellen, dass wir jemals wieder eine Beziehung haben wollen.

Wenn wir jedoch gerade frisch verliebt sind, ist die Welt in Ordnung. Auch rückblickend war sie schon immer in Ordnung. Wenn wir in dieser Situation jedoch in Selbstzweifel geraten, weil wir zwar verliebt sind, aber davon ausgehen, dass der Partner unser Gefühl nicht erwidert, werden wir uns an Situationen erinnern, in denen wir uns minderwertig gefühlt haben. Wir haben also einen Erinnerungsfilter, der uns immer diejenigen Situationen ans Tageslicht holt, die gerade relevant sind. Das ist ja auch gut so, nur sollte man sich dessen bewusst sein. Wenn wir also an unser Ziel denken und uns gerade unfähig fühlen, fallen uns in diesem Moment sämtliche Situationen ein, in denen wir versagt haben, was dann unser Gefühl wiederum verstärkt. Man gerät auf diese Art und Weise schnell in einen Teufelskreis.

Umgekehrt möchte ich mich natürlich auch nicht in eine Scheinwelt steigern, in der ich mich fühle wie ein Superstar, um mich dann in einem Casting bis auf die Knochen zu blamieren. Wer kennt nicht die peinlichen Vorstellungen bei „Deutschland sucht den Superstar". Nichtsdestotrotz, wenn ich nun mal da vorne stehe, wenn nun der Tag der Tage gekommen ist, benötige ich die Gefühle, die meine Denkstruktur dorthin ausrichten, wo ich sie brauche. Und auch wenn es ansonsten im Leben richtig ist, ruhig auch einmal kritisch mit sich umzugehen, ist hier jedenfalls der falsche Zeitpunkt dafür.

Nun gibt es natürlich die unterschiedlichsten Gefühle, die uns zu den Erfolgsgedanken verhelfen können. Selbstsicherheit und Souveränität sind zwei davon: „Ich kann das, ich kriege das hin, ich bin genau der Richtige dafür!" Auch andere, für bestimmte Themen spezifische Gefühle, wie zum

Beispiel Stärke oder Entschlossenheit, sind möglich.

An dieser Stelle solltest du einmal darüber nachdenken, welche Gefühle für deine Vorhaben am geeignetsten sind und welche Gedankenketten diese auslösen werden. Wie sieht es zum Beispiel mit Entschlossenheit aus? Oder Leidenschaft? Vielleicht auch Vitalität?

Nun sorgen diese Gefühle nicht nur dafür, dass unsere Gedanken in die richtige Richtung gelenkt werden, sie verändern natürlich auch unmittelbar unsere Ausstrahlung. Wenn du auf einem Gebiet erfolgreich sein möchtest, auf dem Mitmenschen beteiligt sind, ob Vorträge, Vorstellungsgespräche, Partnersuche, Wettkämpfe oder was auch immer, ist deine Ausstrahlung ein wesentlicher Faktor des Erfolges.

Welche Auswirkungen die Ausstrahlung wirklich haben kann, wurde mir selbst erst so richtig klar, als uns unser Freund Jörg eine Anekdote erzählte, die er kurz zuvor erlebt hatte. Jörg war zu Besuch bei seinen Freunden in Italien, die dort eine Villa besitzen. Um diese Villa vor Einbrechern zu schützen, war sie umgeben von einem hohen Zaun, innerhalb dessen ein abgerichteter

Schäferhund dafür sorgte, dass von einem Einbrecher nicht mehr viel übrig bleiben würde. Da Jörg dem Hund jedoch als Freund vorgestellt wurde, wurde er akzeptiert. Nun kam Jörg eines Abends vom Einkaufen zurück, beide Hände voll bepackt, öffnete das Gatter, und Rex, der Schäferhund, schlich sich vom Grundstück. Als Jörg dies bemerkte, war es bereits zu spät.

„Der Hund ist weg!“, durchschoss es ihn panisch.

Er stellte seine Taschen ab und lief sofort los, um Rex zurückzuholen.

„Gott sei Dank, da ist er ja“, beruhigte er sich wieder, als er Rex auf dem Nachbargrundstück sah.

Es handelte sich ebenfalls um ein eingezäuntes Grundstück mit einem anderen Schäferhund, der sich offenbar schnell mit Rex angefreundet hatte. Ohne nachzudenken kletterte Jörg über den Zaun, schimpfte sehr bestimmt mit Rex, nahm ihn am Halsband und ging mit ihm gemeinsam los. Rex duckte sich und lief anstandslos mit. Aus dem ersten Stock hörte Jörg die Hausbesitzer dieses Grundstücks etwas auf Italienisch rufen, worauf er freundlich zurückwinkte, denn er verstand kein Wort davon. Zu Hause angekommen, erklärte er seinem Freund das Missgeschick und dass er Rex zum Glück gleich wiedergefunden hatte.

„Das ist aber nicht mein Hund!“, sagte der Freund verdutzt.

Jörg hatte tatsächlich aus Versehen einen Hund geklaut, der wie Rex darauf abgerichtet war, das Haus vor Einbrechern zu beschützen. Er hatte den ganzen Hund geklaut, denn dieser war von Jörgs selbstsicherem Auftreten so beeindruckt gewesen, dass er lieber mitgegangen war.

Nun sind es aber nicht nur Tiere, die wittern, ob wir wirklich stabil sind, oder ob wir Angst haben. Dreiundneunzig Prozent unserer Kommunikation sind nonverbal, also über unsere Emotionen gesteuert. Bei einem Vortrag vermittle ich eine Botschaft nur zu sieben Prozent über den Inhalt. Den Rest erkennt der Klient über meine Gestik, Körperhaltung und Stimmlage, also über das, was durch meine Emotionen gesteuert wird. Auch unterschwellig wahrnehmbare Duftstoffe spielen hier übrigens eine Rolle.

Bis vor einiger Zeit ging man noch davon aus, dass wir zu siebzig Prozent nonverbal kommunizieren. Neueste Studien haben dies jedoch auf dreiundneunzig Prozent korrigiert.

Wer vor einer Gruppe steht und nicht von dem überzeugt ist, was er sagt, kann am besten gleich einpacken. Hierbei ist nicht einmal die Art des Zieles von Bedeutung. Boxer wissen zum Beispiel, dass sich der Kampf in dem Moment vorentscheidet, in dem sich beide Gegner Auge in Auge gegenüberstehen. Die Kontrahenten stehen sich beim Wiegen und unmittelbar vor dem Kampf gegenüber und blicken sich ca. zehn Sekunden in die Augen. Würde sich an dieser Stelle ein Boxer unterlegen fühlen, aber zu seinem Gegner sagen: „Ich mache dich fertig", dann käme beim Gegner zu sieben Prozent an, dass er fertig gemacht wird und zu dreiundneunzig Prozent, dass er überlegen ist. Und genau das ist es, was beim Gegner dann noch die letzten Kraftreserven mobilisiert.

Dasselbe gilt natürlich auch für alle anderen Bereiche. Es ist tatsächlich besser, wenn man sich stark fühlt und Mist redet, als umgekehrt.

Natürlich will ich damit nicht sagen, dass dir der Inhalt egal sein sollte – ich behaupte nur, dass sich die meisten Menschen sehr intensiv mit dem Inhalt ihrer Aufgabe beschäftigen und dabei die emotionalen Grundlagen total vernachlässigen.

Mittlerweile ist bekannt, dass lediglich sieben Prozent unserer Botschaft durch das, was wir sagen, vermittelt werden. Dreiundneunzig Prozent unserer Kommunikation dagegen sind nonverbal. Es kommt also bei Weitem nicht so sehr darauf an, was wir sagen, sondern *wie* wir es sagen bzw. präsentieren. Das wiederum hängt von unserem emotionalen Zustand ab.

Ankern

Im „neurolinguistischen Programmieren“, kurz NLP, kennt man eine Methode, mit der man sich direkt vor Ort Gefühle aufrufen kann, die man vorher gezielt abgespeichert hat. In Wahrheit ist das gar keine spezielle Methode, sondern eine vollkommen natürliche Vorgehensweise unseres Unterbewusstseins, die hier lediglich gezielt eingesetzt wird: das Ankern. Wir alle kennen Situationen, in denen durch bestimmte Anlässe Gefühle in uns wachgerufen werden.

Bei unserer Hochzeit sang eine Freundin, direkt nachdem wir uns das Jawort gegeben hatten, das Lied: „Amazing Grace". Allein dies hier zu schreiben, treibt mir fast die Tränen in die Augen. Wenn ich dieses Lied höre, kommen in diesem Moment die Gefühle von damals in mir hoch. Es geht in diesem Fall also nicht um die Gefühle, die die Melodie an sich oder der Text auslösen, sondern wirklich um die Verknüpfung mit der damaligen Situation.

Wie das Leben so spielt, kam ich vor kurzem in eine Situation, in der genau diese Gefühle ungeplanterweise aktiviert wurden:

Ich plante, mit Bärbel Mohr ein gemeinsames Kinderprojekt durchzuführen, und nahm, um mir eine Vorstellung von ihrer Vorgehensweise zu machen, an einem ihrer Seminare teil. Ich wollte also nur mal schauen, was Bärbel in ihren Seminaren so treibt. Nun war ich also mit meiner Frau Sabine und meiner Tochter Carolin in dem Seminar. Die erste Übung begann. Allein diese Übung war schon sehr berührend, und dann ertönte zu allem Unglück auch noch „Amazing Grace“ aus den Lautsprechern.

Nun saß er da, der große Glückstrainer, und bekam fast einen Nervenzusammenbruch vor Rührung. Na ja, wir müssen es ja niemandem erzählen.

Es war also nicht das Lied als solches, das in diesem Fall meine Gefühle weckte, es war die Verknüpfung mit den Gefühlen von damals. Natürlich sind es nicht nur Lieder, die eine solche Verknüpfung bewirken, sondern auch Gerüche, Bewegungsabläufe, Körperdruckpunkte, Worte, optische Reize oder gar Gedanken. Und solche Verknüpfungen kann man natürlich auch bewusst herstellen, um sie bei Bedarf nutzen zu können.

Probieren wir es doch gerade einmal aus:

- Steigere dich bitte einmal in ein positives Gefühl deiner Wahl, bis du dieses gut wahrnehmen kannst.
- Gib mit deinem Zeigefinger einen leichten Druck auf eine Körperstelle, die du leicht

wiederfindest, zum Beispiel den Gelenkknochen des anderen Zeigefingers.

- Halte diesen Druck ca. fünf Sekunden, also so lange, wie das Gefühl am stärksten ist. Es sollte noch nicht anfangen, abzuflachen.
- Hör nun bitte auf zu drücken und denke kurz an etwas anderes.
- Wiederhole diese Übung bitte fünf Mal. Immer wieder in das Gefühl steigern, dann an derselben Stelle drücken und wieder loslassen.
- Wenn du diese Übung nun fünf Mal hintereinander durchgeführt hast, denke bitte an nichts Bestimmtes und drücke auf den Körperpunkt, auf dem du das Gefühl geankert hast.
- Nun sollte das Gefühl von allein hochfahren.

Wenn es nicht gleich so gut klappt, versuch es einfach noch ein paar Mal.

Du bist nun also in der Lage, dir Gefühle an Körperstellen zu verankern, um diese dann bei Bedarf abrufen zu können.

Du kannst dir so zum Beispiel auf dem einen Fingerknochen „Verbundenheit" verankern, auf dem anderen „Freude", auf dem nächsten „Stärke", dann vielleicht „Souveränität" usw. Jedes Gefühl, das du für deine erfolgreiche Zielerfüllung benötigst, kannst du dir also vorab bereitstellen. Diese Anker müssen jedoch von Zeit zu Zeit aufgefrischt werden, da sie ansonsten verblassen.

Eine sehr praktikable Möglichkeit für diese Methode ist es, Bewegungsabläufe, Handlungen oder Druckpunkte zu nutzen, die wir bei der Ausführung unserer Zielerfüllung sowieso benötigen. So könnte ein Gewichtheber auf das Einreiben der Hände mit Talkum, direkt bevor er an die Hantel geht, das Gefühl von Stärke und Fähigkeit ankern. Oder ein Bodybuilder könnte auf das Abwischen des Schweißes, direkt bevor er die Bühne betritt, ein Gefühl von „Ich bin der Champion" ankern. Oder man nimmt eine Angewohnheit, die durch Unsicherheit ausgelöst wird. Wenn du zum Beispiel bei einem Vortrag die Arme verschränkst, wenn du unsicher wirst, könntest du auf diese Bewegung „Sicherheit" ankern. Damit kommst du aus der Unsicherheit sofort und vollautomatisch wieder heraus.

Du siehst, hier ergeben sich vielfältige Möglichkeiten. Tu dir bitte den Gefallen und nutze diese. Einer Klientin, die im Wellnessbereich tätig ist, haben wir auf jeden Massagegriff, den sie ausführt, ein bestimmtes angenehmes Gefühl geankert. Damit geht ihr es bei der Ausführung ihrer Tätigkeit natürlich richtig gut. Da sie dies auch ausstrahlt, kommen die Kunden gerne wieder, was sich auch noch zusätzlich über die Spiegelneuronen erklären lässt. Diese Technik wirkte sich tatsächlich direkt auf ihren Umsatz aus.

Ankern ist eine sehr praktikable Übung, mit der man sich jederzeit Gefühle abrufen kann, die man gerade benötigt oder einfach nur haben möchte.
Am einfachsten ist es, hierzu die Angewohnheiten oder Tätigkeiten zu nutzen, die man sowieso ständig ausführt. Das Bedienen der PC-Tastatur mit dem klappernden Geräusch kann ich genauso als Anker nutzen wie die Sitzposition hinter dem Lenkrad.

Spiegelneuronen

Du kennst sicher Situationen, in denen du vielleicht gerade gut drauf warst und einen Raum betratest, in dem sich ein schlecht gelaunter Zeitgenosse befand. Es hat sicher nicht lange gedauert, und dir ging es auch nicht mehr gut, er hatte dich förmlich „runtergezogen". Das Ganze funktioniert natürlich auch umgekehrt. Es gab bestimmt auch schon Situationen, in denen du von anderen emotional „hochgezogen" wurdest, ohne dass diese bewusst etwas dazu beigetragen hätten. Ihre gute Laune war einfach ansteckend.

Da wir als Urmenschen in Rudeln überleben mussten, waren wir auf unsere Empathie angewiesen. Somit wurden wir mitfühlende Wesen. Wissenschaftler haben vor kurzem die so genannten Spiegelneuronen in uns entdeckt, die diese Empathie erklären – das sind Neuronen, die sich auf mein Gegenüber einstellen und mir seine Gefühlswelt übertragen. So kann man sich auch erklären, warum man zu seiner Höchstform aufläuft, wenn man mit Genies umgeben ist und warum man besser Englisch spricht, wenn man sich mit jemandem unterhält, der diese Sprache sicher beherrscht, als wenn man sich mit einem Anfänger unterhält. Auch wird nun klar, warum bei Wettkämpfen der vermeintlich Bessere bei Weitem nicht seine Höchstleistung bringt, wenn er gegen einen schlechten Herausforderer antritt.

Wie aber können mir diese Spiegelneuronen zu mehr Erfolg verhelfen? Zum einen kann ich die Spiegelneuronen, wenn ich mir dessen bewusst bin, gezielt einsetzen. In einer mündlichen Prüfung würde ich mich auf den jeweiligen Fachmann justieren und mir somit sein Fachwissen im Rahmen dieser Möglichkeiten zunutze machen. Meiner Tochter empfahl ich zum Beispiel, sich bei einer Klassenarbeit auf ihre Lehrerin einzustellen. Auf diese Weise erhält man zwar nicht das Wissen seines Gegenübers, fühlt sich aber auf diesem Gebiet fähiger, was einem dadurch wiederum verhilft, sein eigenes Wissen besser zu nutzen.

Einen noch viel größeren Nutzen können wir jedoch aus dem umgekehrten Fall ziehen. So wie wir durch unsere Spiegelneuronen von anderen beeinflusst werden, beeinflussen wir natürlich auch andere mit unseren Gefühlen. Bei meiner oben erwähnten Klientin aus dem Wellnessbereich fühlen sich ihre Kunden wohl, wenn sie in ihrer Nähe sind. Damit bekommen diese Kunden ein gutes Gefühl, wenn sie an sie denken, und kommen daher natürlich deutlich öfter zur Behandlung. Auch auf die Mund-zu-Mund-Propaganda wirkt sich dies aus.

Wenn du nun zum Beispiel ein Vorstellungsgespräch führst und es schaffst, durch die oben genannten Techniken ein gutes Gefühl aufrechtzuerhalten, bekommen deine Gesprächspartner ebenfalls gute Gefühle. Wenn sie dich wahrnehmen, geht es ihnen besser. Unbewusst nehmen sie diese Verknüpfung wahr. Wenn es dann darum geht, eine Entscheidung zu treffen, werden sie sich sehr viel wahrscheinlicher für den Kandidaten entscheiden, der ein gutes Gefühl in ihnen ausgelöst hat, als für den unsicheren. Ob jemand ein gutes Gefühl zu dir hat, hängt also zu einem großen Teil davon ab, in welchem emotionalen Zustand du selbst dich befindest.

Durch unsere Spiegelneuronen sind wir im ständigen Kontakt mit unserem Umfeld.
Dies ermöglicht uns zum einen, uns auf andere einzustellen und mit anderen mitzufühlen, zum anderen ermöglicht es uns jedoch auch, andere mitzureißen.

Um dies bestmöglich umsetzen zu können, sollten wir unseren emotionalen Zustand unabhängig von den äußeren Umständen so schnell und so einfach wie möglich selbst bestimmen können.

Wo ist das Gefühl?

Um Gefühle, welcher Art auch immer, gezielt zu trainieren, hat Bodo Deletz unter dem Namen „Ella Kensington" das Buch „Glücksgefühle bis zum Abwinken" herausgebracht. Mit einer dieser Übungen kann man sogar ohne äußere Einflüsse jegliches Gefühl aufrufen und so weit verstärken, wie es einem beliebt. Ich habe diese Übung ein wenig für unsere Zwecke abgewandelt, sodass

man damit in jeder möglichen Situation jedes erdenkliche Gefühl aufrufen kann.
Grundlage hierfür ist, dass wir mit jedem Gefühl ein Körpergefühl gekoppelt haben – immer! Angst könnte zum Beispiel wie ein Stein im Magen liegen, oder sich wie ein Kloß im Hals anfühlen. Hier gibt es keine feste Regel. Manch einer fühlt die Liebe im Magen, andere im Herzen, wieder andere im Hals oder wo auch immer. Auch ob sich eine Emotion warm oder kühl anfühlt, energetisch oder ruhig, ist von Mensch zu Mensch verschieden. Eines ist dann jedoch wieder bei allen gleich: Je intensiver die Emotion, umso deutlicher das Körpergefühl. Nun erleben wir normalerweise ein Gefühl und spüren, wenn wir gezielt darauf achten oder wenn es sehr stark ist, dieses Körpergefühl. Hier gehe ich das Ganze genau andersherum an. Ich verstärke das Körpergefühl und dadurch unmittelbar auch meine Emotionen.

Also, dann lass uns mal loslegen:
Als Erstes suchen wir uns einmal ein Gefühl aus, das wir bekommen möchten. Nehmen wir doch einfach die Verbundenheit, denn die ist ja immer wichtig.

Kannst du dich an eine Situation erinnern, in der du jemanden gemocht hast und gespürt hast, dass dies auf Gegenseitigkeit beruhte?
Oder findest du sogar eine Situation, in der du Liebe fühltest?
Erinnere dich bitte so genau wie möglich daran.

- Was hast du gesehen?
- Was hast du gehört?
- Was hast du damals gesagt?
- Was hast du gespürt?
- Kannst du dich auch an das Gefühl erinnern, das du damals hattest?
- Wo in deinem Körper hast du es gespürt?
- Eher auf dem Kopf?
- Oder an der Stirn?
- Im Hals?
- Oder in der Brust?
- Im Magen?
- Oder eher im Unterbauch?
- Wie hast du damals dieses Gefühl wahrgenommen?
- War es eher warm oder eher kühl?
- Elastisch oder starr?
- Energetisch oder ruhig?

- Hatte es eine Farbe vor deinem inneren Auge?
- Wie hell war dieses Gefühl?
- Lass dieses Gefühl nun bitte ein wenig wachsen,
- und noch ein bisschen wachsen,
- immer weiter wachsen lassen.
- Ganz langsam, aber stetig.
- Spiele nun ein wenig mit der Temperatur.
- Mach es wärmer oder kühler und achte dabei darauf, wie sich dein Gefühl dabei verändert.
- Stell die Wärme nun bitte so ein, dass dein Gefühl der Liebe oder Verbundenheit dabei möglichst stark wird.
- Lass dieses Körpergefühl nun noch ein wenig wachsen.
- So weit, bis der ganze Körperbereich, in dem es sich befindet, damit ausgefüllt wird.
- Von hier aus lass nun deinen ganzen Körper mit dem Gefühl der Liebe durchfluten.
- Die Arme,
- die Beine,
- den Kopf,

- jedes Organ.
- Und nun jede Zelle deines Körpers.
- Du bist nun Liebe.
- Bleibe bitte in diesem Gefühl und visualisiere nun einen Regler mit einer Skala von null bis zehn.
- Ist dies ein Drehregler oder ein Schieberegler?
- Dieser Regler ist direkt mit deinem Gefühl der Verbundenheit oder Liebe verknüpft. Die Reglerstellung null bedeutet neutral, und zehn bedeutet bedingungslose Liebe.
- Auf welcher Zahl steht der Regler gerade?
- Drehe oder schiebe ihn ein wenig höher und achte dabei auf dein Gefühl.
- Nun drehe oder schiebe ihn wieder etwas hinunter. Wird dein Gefühl schwächer?
- Justiere ihn nun bitte langsam aber stetig auf drei. Wie geht es dir jetzt?
- Nun bitte langsam aber stetig bis auf sieben erhöhen.
- Acht,
- neun!

Lehn dich nun zurück und genieße dieses wunderschöne Gefühl.

Du kannst nun die verrücktesten Dinge machen. Lass zum Beispiel einmal jemanden zu dir sagen, du seist der tollste Mensch auf Erden. Währenddessen regelst du von sieben auf drei herunter. Dadurch fühlt sich dieses Kompliment wie eine Verletzung an. Oder lass ihn umgekehrt zu dir sagen, wie blöde du bist, und regle dein Gefühl von drei auf sieben, und es kommt dir vor wie ein Kompliment.

Ich will nun ganz gewiss keinen weltfremden Menschen aus dir machen, aber du solltest erkennen, dass du wirklich in jeder Situation deine Gefühle selbst machst und dass du dies sogar bewusst steuern kannst. Wenn du also mal wieder in eine Situation kommst, in der du deine guten Gefühle brauchst, hast du so die absolute Kontrolle.

Mach das Gleiche nun bitte auch mit der Freude – leg dir auch dafür einen Regler zu. Damit kannst du dein Dopamin und Opium genau dosiert ausschütten, wann immer du willst.

Natürlich kannst du mit dieser Übung jedes Gefühl aufrufen, das du haben möchtest. Ich schlage vor, dass du hiermit richtig übst, denn es zahlt sich nicht nur für deinen Erfolg aus, sondern als „Abfallprodukt“ bist du in dieser Zeit auch einfach ein glücklicher Mensch.

Natürlich gibt es noch mehr Botenstoffe und natürlich ist das Gehirn noch viel komplexer, als ich hier aufgeführt habe. Oxitozin zum Beispiel spielt bei den oben genannten Gefühlen auch eine bedeutende Rolle. Die Kenntnis des genauen Zusammenspiels und der Wechselwirkungen aller Hormone sind zwar äußerst interessant, aber für die Umsetzung dieses Buches nicht von Bedeutung. Wenn dich die genaue Funktionsweise des Denkapparates interessiert, schlage ich hierzu die Literatur von Prof. Manfred Spitzer vor, der auch ich einige meiner Erkenntnisse entnommen habe. Ansonsten bitte ich zu berücksichtigen, dass Gehirnforschungen, die vor dem Jahr 2000 durchgeführt wurden, mit Vorsicht zu genießen sind, da man erst ab diesem Zeitpunkt technisch in der Lage war, dem Gehirn im Detail bei seiner Arbeit zuzuschauen.

Die Tatsache, dass unsere Emotionen immer mit Körpergefühlen verknüpft sind, können wir nutzen, indem wir uns Emotionen über die entsprechenden Körpergefühle produzieren.

7. Die Steigerung

Gedächtnistraining

Eine weitere Möglichkeit, die dir helfen kann, innerhalb kürzester Zeit deutlich erfolgreicher zu werden, ist das Gedächtnistraining, und zwar aus zwei Gründen: Zum einen werden wir mit dieser Technik eine Selbstwertroute aufbauen, mit der wir uns jederzeit unsere positiven Eigenschaften in Erinnerung rufen können, und zum anderen kann man damit seinen Gedächtnisquotienten deutlich verbessern. Diese Methoden wurden bereits nachweislich vor zweitausendfünfhundert Jahren von den damals großen Rednern verwendet, gerieten dann jedoch leider in Vergessenheit.

Untersuchungen des Max-Planck-Institutes haben ergeben, dass man mit nur drei Stunden Training (nicht täglich, sondern insgesamt) sein Gedächtnis im Schnitt um 600 Prozent verbessert. Diese Zahl muss man sich vor Augen halten!

Nur um einmal zu zeigen was mit der richtigen Technik möglich ist: Dr. Gunther Karsten memorierte bei seinem Weltrekord in einer Stunde eine

1949-stellige Zahl. Und das, obwohl er ein ganz normaler Mensch ist – nur mit Technik und Übung.

Nun geht es mir nicht darum, dass du dir ewig lange Zahlen merken kannst, aber was glaubst du, wie gut es ankommt, wenn du dir bei einer Gruppe von vierzig Leuten nach einer einmaligen Begrüßung jeden Namen merken konntest? Und wie es im Vergleich dazu wirkt, wenn du nach deinem Vorstellungsgespräch den Namen deines künftigen Chefs vergessen hast? Oder wie es wirkt, wenn du einen Vortrag frei halten kannst, ohne aus dem Konzept zu geraten? Es wirkt professionell, und man geht sofort davon aus, dass du weißt, wovon du sprichst. Ich sah im Vergleich dazu bei „Deutschland sucht den Superstar" (ich hatte nur zufällig reingezappt!) die Moderatoren, die beide jeden Satz von einem Kärtchen ablesen mussten. Sie blätterten zu allem Unglück auch noch ständig weiter, sodass es auffälliger und aus meiner Sicht peinlicher nicht mehr möglich war.

An dieser Stelle gehe ich auf zwei Techniken ein, die mit dem geringsten Aufwand den größten

Nutzen bringen. Fangen wir damit an, Namen besser einprägen zu können.

Wenn du dir Namen merken kannst, fällt es viel leichter, eine Verbundenheit aufzubauen. Dein Gegenüber fühlt sich persönlich angesprochen, und du kannst ihm noch glaubhafter vermitteln, dass du ihn magst. Außerdem hilft es dir sogar tatsächlich dabei, dein Opium auszuschütten. Wenn du jemanden anschaust und „eh du" sagst, löst dies bei ihm, aber auch bei dir selbst ein anderes Gefühl aus, als wenn du ihn mit Namen ansprichst. Das ist wie in dem Beispiel von Francesco aus der Einleitung, der aus dem Stand unsere Namen kannte.

Doch wie funktioniert nun diese Technik?
Als Erstes muss man wissen, dass wir nie etwas vergessen. Es ist nachgewiesen, dass du *alles*, was du bis jetzt gehört oder gesehen hast, irgendwo in deinem Gehirnkästchen abgespeichert hast. Es geht also nicht darum, ob man sich etwas merken kann, sondern darum, wie man es wiederfindet. Wenn du dir vorstellst, dass du alles, was du auf deinem PC bisher geschrieben hast, ohne Ordner einfach nur auf Laufwerk C abgespeichert hättest, würde es dir sicher

schwer fallen, bestimmte Dokumente wiederzufinden. Nun ist der gesamte Inhalt deiner Festplatte aber ein Klacks im Vergleich dazu, was das Gehirn täglich an Datenmenge abspeichert. Wenn du also ein schlechtes Namensgedächtnis hast, legst du die Namen offensichtlich ohne Ordner im Laufwerk C ab.

Folglich müssen wir zuerst einmal Ordner erstellen, und zwar in der Sprache, die unser Gehirn am besten versteht: in Bildern.

Wenn wir einen Namen hören, müssen wir hieraus ein geistiges Bild erstellen, das wir jederzeit wieder mit diesem Namen in Verbindung bringen. So erinnert mich ein „Daniel" an Daniel Düsentrieb, und ich sehe als mentales Bild hierfür Düsentriebwerke. Ein „Ben" erinnert mich an den Big Ben, ein „Boris" an Boris Becker, und „Claudia" klaut ein Dia.

Mit ein wenig Übung geht das sehr schnell, zumal man das merken von Vornamen auch recht gut vorbereiten kann. Hier kann man sich zu allen gängigen Vornamen bereits ein mentales Bild zurechtlegen. Bei Nachnamen muss man schon ein wenig kreativer sein.

Dann schaue ich mir die Person an und achte auf besondere Merkmale, die mir direkt ins Auge fallen, z. B. eine große Nase, abstehende Ohren, eine Narbe oder eine auffällige Frisur. Nun muss ich einfach das mentale Bild mit dem Merkmal verknüpfen. Idealerweise sollte das Merkmal auch noch zu dem Bild passen. Während man dies macht, spricht man den Namen laut aus, was dem Gegenüber außerdem das Gefühl gibt, dass man ihn wichtig nimmt.

Doch wie verbindet man das Merkmal mit dem Bild? Wenn Daniel eine große Nase hat, sehe ich Feuerstrahlen aus dieser herausschießen und ihn durch diesen Düsenantrieb abheben. Oder wenn Dirk einen dicken Bauch hat, erinnert er mich an Dirk Bach und ich stelle mir ihn in dieser unverwechselbaren Art vor. Aber was, wenn er keinen Bauch hat? Keine Sorge, du findest mit ein wenig Übung immer etwas. Versuche doch einfach bei allen Menschen, die dir in der nächsten Zeit begegnen, auf besondere Merkmale zu achten. Thorsten „tut im Tor stehen", was erinnert dich bei ihm an einen Torwart? Das macht Spaß und fördert die Wahrnehmung.

Die zweite Technik, die Routenmethode, ist ideal für das Abspeichern von Themen, Fakten oder Worten. Auch Daten und Zahlen können auf diese Art memoriert werden, aber dies sprengt dann doch den Rahmen dieses Buches. Du bist somit in der Lage, ganze Vorträge in der richtigen Reihenfolge abzuspeichern. Auch bei dieser Methode benötigen wir zunächst Ordner, die als Bilder abgespeichert werden. Hierzu nutzen wir einfach unser Umfeld.

Geh bitte einmal durch deine Wohnung oder dein Haus und achte speziell auf Gegenstände wie zum Beispiel Sofa, Kommode, Kleiderschrank, Waschbecken, Bett usw. Danach gehst du diese Route bitte in Gedanken durch und achtest auf die markanten Punkte. Aber geh bitte mit System, zum Beispiel immer rechts an der Wand entlang, sodass du jedes Mal, wenn du in Gedanken diese Route läufst, dieselben Punkte in derselben Reihenfolge siehst. Wiederhole dies bitte so lange, bis die Route „sitzt". Die Routenpunkte sollten auch immer in deinem Sichtfeld sein, damit du sie im Nachhinein nicht vergisst. Nun musst du nur noch die Dinge, die du dir merken möchtest, möglichst kreativ mit den einzelnen Routenpunkten verknüpfen.

Nehmen wir uns einen Einkaufszettel vor: Milch, Möhren, Eier, Käse, Socken, Bananen, Reis, Stereoanlage, Katze, Honig, Auto und Butter. Also ein ganz normaler Einkaufszettel, wie du ihn jeden Tag benutzt.

Verbinde die Milch nun bitte mit dem ersten Routenpunkt. Nur achte darauf, dass du hier nicht einfach nur einen Beutel Milch zum Beispiel auf den Stuhl legst – nein, du musst dabei möglichst viele Sinne aktivieren, Emotionen wecken und das Ganze so außergewöhnlich wie möglich darstellen. Vielleicht hat der Stuhl riesige Euter, aus denen Milch direkt auf dich zuspritzt, oder eine riesige Milchpfütze läuft über den Stuhl, auf den du dich gerade setzen wolltest.

Der nächste Routenpunkt ist vielleicht der Schrank. Nun verbinde die Möhren möglichst kreativ mit dem Schrank. Es könnte zum Beispiel eine Möhre wie die Nase eines Schneemanns in der Schranktüre stecken. Oder lass sie mal weiter unten im Schrank stecken mit noch zwei Radieschen daran (hoffentlich bekomme ich das nicht zensiert).

Geh nun bitte die Einkaufsliste durch und verbinde jeden einzelnen Artikel mit dem jeweils nächsten Routenpunkt. Wenn du damit fertig bist, geh das Ganze noch einmal komplett durch.

Und nun warte eine halbe Stunde und geh in Gedanken deine Route ab. Du wirst feststellen, dass du die ganze Liste behalten hast und du merkst sicher auch, dass du dir auf diese Art und Weise noch viel mehr hättest merken können. Probiere aus, wo deine Grenze liegt. Bei mir ist die Grenze dreihundert, da ich nicht mehr Routenpunkte zur Verfügung habe. Für den Alltag ist das aber bei weitem genug. Gunther hat für seine Weltmeisterschaften dreitausend Routenpunkte im Kopf. Ich denke, du merkst, dass Lernen auf diese Art und Weise Spaß machen und dass man seinen Speicher deutlich besser nutzen kann.

Eines ist mir bei der Routenbildung wichtig: Nutze ausschließlich Routen, bei der dir schon die Erinnerung daran gute Gefühle macht. Die Hotelanlage des letzten Urlaubes, deine schöne Wohnung, das Schwimmbad, oder was auch immer dir einfällt. Und die einzelnen Routenpunkte sollten nicht zu ähnlich sein. Also nicht Spind eins, Spind zwei, Spind drei usw.

Wenn du diese beiden Methoden anwendest, hast du einen Gedächtnisquotienten wie kaum ein anderer. Außerdem ist dies nachweislich eine der effektivsten Methoden, um neue Nervenzellen im Hippocampus nachwachsen zu lassen – und wenn ich mir meine vergangenen vierundvierzig Lebensjahre betrachte und weiß, wie viel Stress ich gerade als Manager hatte, ist mir klar, dass ich noch die eine oder andere Gehirnzelle gut gebrauchen könnte.

Wenn du zu dem Thema Gedächtnistraining weiter in die Tiefe gehen möchtest, empfehle ich dir das Buch „Erfolgsgedächtnis" von Dr. Gunther Karsten.

> Es geht nicht darum, dass wir lernen müssen, uns zu erinnern, es geht darum, ein Ablagesystem zu schaffen, mit dem wir die gespeicherten Informationen wiederfinden.
> Hierzu gibt es jahrtausendealte Methoden, die leider lange in Vergessenheit geraten waren.

Jetzt noch eine praktische Anwendung dieser Methoden, mit der du deine Emotionen gezielt steuern kannst: die Selbstwertroute.

Vorab muss ich noch sagen, dass ein Routenpunkt spätestens eine Woche, nachdem du ihn belegt hast, wieder frei ist. Das darauf Gespeicherte ist verblasst, und du kannst diese Route wieder für andere Dinge verwenden. Wenn du eine Liste jedoch ständig wiederholst, sie dir also täglich, wöchentlich, monatlich immer wieder einprägst, wird diese Route für immer belegt sein.

Suche dir nun bitte eine Route mit neun Routenpunkten, die dir ein gutes Gefühl machen und die du für immer als deine Selbstwertroute festlegen möchtest.

Nun überlege dir bitte drei Dinge, die du gut kannst. Wozu bist du gut in der Lage? Was sind deine Stärken? Mach dir jeweils ein Bild von diesen Stärken und verknüpfe diese nun bitte mit den ersten drei Routenpunkten.

Nun suche dir bitte drei Punkte, die du gut, schön oder toll an dir findest. Deine Augen, dein Aussehen, dein Charakter, deine Art zu reden, dass du einfühlsam bist – was auch immer dir am besten an dir gefällt. Auch diese drei Dinge verknüpfst du nun bitte an den nächsten drei Routenpunkten.

Und was hast du in deinem Leben bereits gut hinbekommen? Bitte wieder drei Dinge. Hast du tolle Freunde? Eine schöne Beziehung? Einen guten Job? Die Schule? Deine drei besten Errungenschaften bitte. Auch diese werden nun mit den letzten drei Routenpunkten verknüpft.

Wie du weißt, ist unser Gehirn so konstruiert, dass wir uns gezielt an die Dinge erinnern, die gerade zu unseren Emotionen passen. Wenn wir gerade in der Stimmung sind, dass uns nichts gelingt, werden wir in unserer Erinnerung eine Menge Bestätigungen hierfür finden. Das Einzige, an das du dich dann noch schnell erinnern musst, ist, dass du diese Route hast. Wenn du diese dann durchgehst, werden sich durch diese positiven Erinnerungen schlagartig deine Emotionen ändern, und du wirst ab dann Erinnerungen erhalten, die wiederum diesem emotionalen Zustand entsprechen. Natürlich kannst du diese Route je nach Ermessen immer weiter vervollständigen. Was spricht dagegen, fünfzig solcher Positiveigenschaften parat zu haben?

Die persönliche Schallmauer

In dem Buch „Die Mohr-Methode" von Bärbel Mohr und Clemens Maria Mohr erzählen die beiden die Geschichte eines zehnjährigen leukämiekranken Jungen Namens Sven, die verdeutlicht, welche Kraft in den Gedanken steckt. Und wieder einmal wird deutlich, wie wichtig es ist, die richtigen Emotionen zu haben und dadurch die Gedanken gezielt in die richtige Richtung zu lenken.

... Der behandelnde Arzt hatte ihm – in kindlich verständlicher Form – erklärt, dass in seinem Blut rote und weiße Schiffchen schwimmen. Die roten Schiffchen seien sehr wichtig, weil sie den lebensnotwendigen Sauerstoff zu den Organen transportieren. Nun habe er – der Junge – aber zu viele weiße Schiffchen, sodass die roten keinen Platz zum Fahren mehr hätten und somit auch ihre Arbeit nicht mehr korrekt ausführen könnten. Und das sei der Grund, warum er so krank sei. Nachdem der Junge das gehört hatte, dachte er sich in seiner kindlichen Naivität: Wenn es zu viele weiße Schiffchen gibt, müssen die einfach raus. Und so stellte er sich jedes Mal,

wenn er auf der Toilette war, vor, dass mit seinem Urin ganz viele kleine weiße Schiffchen hinausschwammen. Er hatte ein inneres Bild von hunderten und tausenden kleiner weißer Schiffchen, die in den Kanal verschwanden. Und der Junge ist heute gesund, obwohl die Ärzte ihn damals aufgegeben hatten …

Natürlich wissen die meisten von uns mittlerweile, welche Kraft in unseren Gedanken steckt. Es steht ja schon in der Bibel, dass man mit seinem Glauben Berge versetzen kann. Und es scheint wirklich so zu sein, dass die einzigen Barrieren, die es für uns gibt, nur in unseren Köpfen existieren.

Als man zum Beispiel den ersten Überschallflug anvisierte, waren sich viele Fachleute darüber einig, dass dies physikalisch nicht möglich sei. Ein paar „Verrückte" gab es dann doch, die dies nicht glaubten. Vielleicht hatten sie aber auch einfach in Physik nicht richtig aufgepasst. Wie auch immer, man fing mit der Konstruktion des ersten Überschallflugzeugs an. Nun gab es keine technischen Geräte, mit denen man ein solches Vorhaben hätte testen können. An Windmaschi-

nen in dieser Größenordnung war nicht einmal zu denken.
“Macht nix, dann wird eben am Himmel getestet“, war diesen verwegenen Burschen schnell klar. Man konstruierte ein Flugzeug nach der Vorgabe eines Gewehrgeschosses, weil man wusste, dass diese Dinger verdammt schnell werden, setzte einen Piloten in das Cockpit, der den Unterschied zwischen Zuneigung und Anerkennung nicht kannte, und ließ ihn starten.

Es gab viele Versuche mit vielen unvorhergesehenen „Widerständen“. Kurz vor Mach eins gab es jedes Mal solch heftige Turbulenzen, dass das Flugzeug unbeherrschbar wurde. Das Vorhaben sollte abgebrochen werden. Doch der Mechaniker und der Pilot waren sich einfach sicher, dass es beim nächsten Mal klappen werde. Der Mechaniker baute das Höhenruder ein wenig um, sodass der Pilot dadurch in der Lage war, die Turbulenzen damit auszugleichen. Physikalisch ergab das Ganze zwar wenig Sinn, aber das war ja vollkommen egal. Die beiden wussten, dass sie beim nächsten Versuch alles auf eine Karte setzen werden, denn lange hätte die Regierung kein Geld mehr in dieses Himmelfahrtskommando gesteckt.

Um sich ein wenig von dem Druck abzulenken, ritt der Pilot zwei Tage vor seinem größten Tag ein wenig aus. Als er in der Dunkelheit zurückkam, hatte bereits jemand das Gatter geschlossen. Da er dies nicht erkannte, ritt er gegen dieses Gatter und stürzte von seinem Pferd. Er bekam direkt starke Schmerzen. Zum Arzt konnte er jedoch nicht gehen, da er damit aus dem Testprogramm genommen worden wäre. Er ging also zu einem Tierarzt und bekam bescheinigt, dass er zwei gebrochene Rippen hätte. Er hatte solche Schmerzen, dass er mit seinem linken Arm die Tür seines Cockpits nicht mehr schließen konnte. Da er jedoch erst in sein Flugzeug, das von einem Transportflugzeug auf siebentausend Meter gebracht wurde, steigen konnte, wenn die Flughöhe bereits erreicht war, konnte auch niemand die Tür von außen schließen. Der Mechaniker hatte natürlich wieder eine zündende Idee. Er brach einen Besenstiel ab, mit dem der Pilot die Tür zuhebeln konnte – Hightech, wie sie im Buche steht. So vorbereitet starteten sie nun zum letzten Versuch, der eigentlich für Mach nullkommaneunirgendetwas, also langsamer als Überschall, vorgesehen war. Den Piloten interessierte die offizielle Vorgabe nicht und er gab mächtig Gas – der Zeiger schoss auf Mach einskommairgendetwas, ein lauter Knall peitschte durch das Tal, und der erste Flug mit Überschallgeschwindigkeit war erfolgt. Fertig.

Tja, und danach stellte man fest, dass die einzige Grenze, die es zu überwinden galt, nur in den Köpfen der Menschen saß.

Oder bedenken wir, wie lange man davon ausging, dass es nicht menschenmöglich sei, einhundert Meter in unter zehn Sekunden zu laufen. Nachdem der erste diese „Schallmauer“ durchbrochen hatte, benötigt man heute diese Zeit schon fast für die Qualifikation für die Stadtmeisterschaft von Castrop Rauxel.

In dem Moment, wenn klar wird, dass es möglich ist, ist es möglich.

Genauso ist es mit dem Abnehmen. Wenn man „normale“ Menschen hört, wie sie sich quälen, um ein paar Pfund abzunehmen, scheint es wirklich schwierig zu sein. Doch seit zwei professionelle Bodybuilder, Moni und Markus, unsere Freunde geworden sind, hat sich bei mir die Relation in dieser Hinsicht so dermaßen verschoben, dass ich eine vollkommen andere Denkweise hierzu bekommen habe.

„In drei Monaten habe ich Wettkampf, da muss ich vorher noch ein bisschen abnehmen", sagte Markus entschlossen.

„Wie viel muss denn noch runter?", fragte ich vollkommen ahnungslos.

„Ach, so zwanzig, dreißig Kilo", sagte er mit einer Selbstverständlichkeit, wie wenn ich dir erzählen würde, dass ich mir regelmäßig die Zähne putze.

Mittlerweile ist das für mich aber ganz normal, da ich die beiden fast täglich sehe und dadurch auch miterlebe, dass dies der ganz normale Bodybuilder-Alltag ist. Mal eben dreißig Kilo hoch, dann wieder runter – ganz normal. Wenn mir heute jemand sagt, er müsse jetzt unbedingt abnehmen, weil es so gar nicht mehr geht und kommt dann mit fünf Kilo an, kommt in mir das Gefühl von „Das ist doch mit einmal Klogehen erledigt".

Durch diese andere Dimension denkt man gleich in größeren Schritten und erreicht dadurch seine eigenen Ziele natürlich sehr viel einfacher und sicherer.

Ein anderes Beispiel ist das bereits erwähnte Gedächtnistraining. Vor kurzem war es mir noch kaum möglich, mir meine eigene Telefonnummer zu merken. Seit ich mit Gunther, dem Gedächtnisweltmeister, arbeite, hat sich auch hier meine Schallmauer deutlich nach oben verschoben.

Man kann seine Schallmauer natürlich auch durch eine Visualisierungstechnik verschieben:

Als Erstes steigere ich mich in Zuneigung und Freude, denn ohne meine Botenstoffe fange ich erst gar nicht an. Dann gehe ich so tief wie möglich in das Gefühl der Zuversicht. Dann erinnere ich mich an eine Situation, in der ich wusste, dass ich dieses Vorhaben schaffen würde. Nun steigere ich mich mit einer der oben aufgeführten Techniken in dieses Gefühl hinein und denke dann an das Ziel. Ich male es mir in den schönsten Farben aus und werde mir dabei dessen bewusst, dass ich das schaffen werde. Nun gehe ich in die Situation, in der ich das Ziel bereits erreicht habe, hinein und spüre dabei den Erfolg. Ich höre, was gesprochen wird, bin stolz auf meine Leistung, sehe das Resultat, spüre die Berührung der Freunde und erlebe meinen Erfolg.

Und wenn es dann anders kommt – auch nicht schlimm, denn „Vorfreude ist die schönste Freude“, sagt schon der Volksmund.

Doch leider sagt der Volksmund auch: „Freu dich nicht zu früh!“ Was für ein Quatsch! Denn es ist doch so, dass gerade diese Vorfreude ein schönes Gefühl ist. Man unterdrückt nun also dieses schöne Gefühl, um dadurch zu vermeiden, dass man enttäuscht wird. Enttäuscht ist man jedoch nur, wenn man sich auf ein Ziel versteift hat und sein Glück davon abhängig gemacht hat. Die Erfüllung des Zieles soll also gute Gefühle in uns wecken. Wenn das Ziel dann nicht erfüllt wird, ist man enttäuscht. Wenn man sich aber gar nicht erst darauf gefreut hat, geht man davon aus, dass man sich diese Enttäuschung damit erspart. Im übersetzten Sinne sagt man somit: Warum soll ich mir vorher gute Gefühle machen, wenn ich dadurch in Nachhinein keine guten Gefühle bekomme? „Da habe ich mich umsonst gefreut!“, sagt man tatsächlich, ohne darüber nachzudenken.

Freu dich doch umsonst! Warum denn nicht? Wenn man bedenkt, was dies neurologisch bedeutet, kann man sich doch gar nicht genug erfreuen. Solange die Ziele keine Zwänge sind, ist das ja auch kein Problem, aber über die Motivation, die hinter den Zielen steckt, haben wir uns ja bereits unterhalten.

Wo ist nun aber deine Schallmauer? Denke bitte einmal an deine Ziele und überlege, ob die Grenze, die du für dich siehst, ein Naturgesetz ist oder nur deine ganz persönliche Schallmauer. Wenn dies nur deine Schallmauer ist, kannst du sie mental sehr einfach durchbrechen.

Mach diese Übung regelmäßig, und du wirst merken, wie du dich immer mehr zu einem Siegertypen entwickelst. Ob die Situation dann wirklich genau so eintrifft, ist nicht von Bedeutung, aber die Wahrscheinlichkeit, dass du so deine Ziele erreichen wirst, steigt drastisch.

Die Grenze deiner Leistungsfähigkeit ist nicht von Gott oder der Natur vorgegeben, sie befindet sich nur in deinem Kopf.

Ich bin ein Sieger

In dem Film: „The Rock“, beschreibt Sean Connery sehr bildhaft, wie er Siegertypen definiert. Er sagt zu Nicolas Cage: „Verlierer geben ihr Bestes, Gewinner vögeln die Ballkönigin.“

Wir leben nun einmal in einer Erfolgsgesellschaft, in der leider nur Platz für den Sieger ist. Der Zweite, Dritte, auch der Vierte einer Olympiade hat zwar eine Wahnsinnsleistung erbracht – aber wen interessiert es?

Welche grotesken Auswirkungen diese Kultur hat, machte mir in den achtziger Jahren ein Skispringer Namens Eddy Edwards, genannt „Eddy the eagle“, klar. Der eigenwillige Brite imponierte weniger durch Sprungstil oder Weiten als vielmehr durch seine Verwegenheit. Trotz praktisch nicht vorhandener technischer und athletischer Fähigkeiten stürzte er sich immer wieder vom Schanzentisch ins Ungewisse. Der Beiname „Adler“ war nichts als britische Selbstironie, die aber mit dazu beitrug, dass Edwards zum Publikumsliebling wurde.

Er war absolut kurzsichtig und versuchte mit verzerrtem Gesicht durch seine Brille, so dick wie Glasbausteine, den Schanzentisch zu erkennen. Er besaß keine Skibrille und sprang einfach in seinem Trainingsanzug. Während alle anderen riesige Weiten sprangen, hopste er gerade eben so vom Schanzentisch, begleitet von einem frenetischen Applaus. Er sprang sich so in die Herzen der Zuschauer und war deutlich bekannter als der Zweit- oder Drittplatzierte. Der Gewinner wurde zwar auch erwähnt, aber ich erinnere mich tatsächlich an alle Sprünge von Eddy und wollte damals keines seiner Interviews verpassen. Somit war Eddy zwar kein Gewinner, aber dennoch ein Sieger!

Gut, dies ist zwar nicht der Erfolg, den ich persönlich anstrebe, aber jeder muss Erfolg für sich selbst definieren. Übrigens, auch in den Firmen sind nicht immer die Fleißigsten auch gleichzeitig die Erfolgreichsten!

Es geht also eher darum, ob ich ein Siegertyp bin oder nicht. Hierzu fällt mir ein typischer Gewinner ein: Vor einiger Zeit sah ich ein Interview mit Carl Fogarty, genannt Foggy, dem mehrmaligen Motorradweltmeister in der Superbikeklasse.

Er wurde gefragt, wie er es geschafft hatte, so erfolgreich zu werden.

„Die anderen suchen sich den Rennstall danach aus, was sie verdienen. Ich habe mir den Rennstall ausgesucht, mit dem ich Weltmeister werde. Denn ich wollte zuerst Weltmeister werden, dann kommt das Geld doch von allein", sagte Foggy, vollkommen von dieser Logik überzeugt.

Natürlich ist das logisch, aber nur so lange, wie man weiß, dass man auch wirklich Weltmeister wird. Etwas anderes kam ihm jedoch nie in den Sinn. Er dachte nur darüber nach, was er noch zu tun hatte, bis es so weit war, stellte es jedoch nie in Frage.

Oder da gab es den mehrfachen Motorradweltmeister in der damaligen Fünfhunderter-Klasse, der Königsklasse, Mick Doohan, genannt „Quick Mick", der im fünftletzten Rennen nur Zweiter hätte werden müssen, um damit den erneuten WM-Titel sicher nach Hause zu fahren. Es war die letzte Runde, dicht vor ihm ein anderer Fahrer, hinter ihm lange niemand. Sein Titel war also sicher, denn der Drittplatzierte konnte ihn nicht mehr einholen. Ihm war dies jedoch vollkommen egal, denn in der letzten Kurve vor der karierten Flagge überholte „Quick Mick“ den Führenden außen mit rutschendem Hinterreifen. Er zog mit seinem quer stehenden Motorrad einen schwarzen Strich auf den Asphalt und berührte auch noch mit seinem Körper den anderen. Wie von Luzifer persönlich gehetzt prügelte er sich an seinem Kontrahenten vorbei und gewann das Rennen. Fassungslos fragten ihn die Reporter, wie man so etwas Unüberlegtes nur tun könne.

„Ich bin Rennfahrer und will einfach jedes Rennen gewinnen. Dann werde ich doch von ganz allein Weltmeister“, sagte er, vollkommen von sich überzeugt. Zugegeben, es wirkte damals ein wenig arrogant, aber steht das einem fünffachen Weltmeister nicht auch zu?

Es ist also nicht so, dass man zuerst erfolgreich wird, um sich dann so zu fühlen, es ist tatsächlich umgekehrt. Jeder Weltmeister, mit dem ich bis jetzt gearbeitet habe, war bereits vorab mental Weltmeister und bekam bei dem Wettkampf nur noch die Bestätigung. Auch dies kann man wieder über Botenstoffe nachweisen:

Serotonin ist entscheidend dafür verantwortlich, ob du ein Siegertyp bist oder nicht. Wenn sich zum Beispiel zwei technisch gleichwertige Boxer gegenüberstehen, gewinnt in der Regel der, der am meisten Serotonin im Blut hat, wie Versuche mit Probanden gezeigt haben. Das Serotonin sorgt durch eine innere Selbstsicherheit, Zufriedenheit und Gelassenheit für eine Ausstrahlung, die am Ende darüber entscheiden, wer den Ring als Sieger verlässt. Stehen sich allerdings zwei Siegertypen mit einer ähnlichen Menge dieses Botenstoffes gegenüber, bleibt es natürlich nicht aus, dass in diesem Fall ein Siegertyp den Schauplatz als Verlierer verlassen wird. Dieser wird interessanterweise bei seinem nächsten Kampf den Ring als Verlierertyp mit wenig Serotonin betreten. Das ist der Grund, warum wirklich gute Boxer, wenn sie einen Kampf verloren haben, danach lange Zeit wieder aufgebaut werden müssen. *Und dabei wäre die Lösung ganz einfach.*

Umgekehrt ist es genauso: Wenn zwei Verlierertypen aufeinander treffen, wird der, der den Ring als Gewinner verlässt, beim nächsten Mal deutlich mehr Serotonin im Blut haben und somit ein Siegertyp sein.

Nun haben sicherlich die meisten von uns in ihrem Leben den einen oder anderen Rückschlag erlitten. Diese Erfahrungen kann man mit geeigneten Techniken, etwa mit NLP (neurolinguistischem Programmieren) unbedeutend machen, was ich bei einem traumatischen Ereignis auch vorschlagen würde. Ansonsten kann es aber auch genügen, sich einfach bewusst zu machen, dass eine Niederlage, die ich vor langer Zeit erlitten habe, mit meinem heutigen Ziel nichts zu tun hat. Wenn es dir dann noch gelingt, dich an viele Situationen zu erinnern, in denen du der Gewinner warst, schüttest du dabei wieder Serotonin aus, was dich dann zu einem Siegertypen macht. Am besten steigerst du dich sogar noch mit einer der genannten Übungen etwas in dieses Gefühl hinein.

Dies hat jedoch nichts mit der Weltfremdheit zu tun, die so mancher Kandidat bei „Deutschland sucht den Superstar" hatte. Verwechsle dies bitte nicht mit dem, was ich hier anstrebe. Wenn man sich mickrig fühlt und dann einen auf dicke Hose macht, macht einen das noch lange nicht zum Champ.

Und um es an dieser Stelle noch einmal deutlich zu machen: Wenn ich sage, ich brauche Verbundenheit und Freude für meine Botenstoffe, geht es mir nicht darum, mich auf ein Rennmotorrad zu setzen und mit dem Gefühl: „Alle haben mich ganz doll lieb“ ein Liedchen pfeifend meine Runden zu drehen. Hier bin ich absolut fokussiert und zielgerichtet. Meine Botenstoffe sind die Basis, die ich benötige, aber je nach Ziel gebe ich natürlich richtig Gas.

Sieger zu sein hat man im wahrsten Sinne des Wortes im Blut. Doch auch dies muss man nicht dem Zufall überlassen, und es ist auch nicht genetisch vorbestimmt.

Genau mein Ding

Mit all diesen Techniken kann jeder auf jedem Gebiet seinen Erfolg deutlich steigern. Nur sollte man natürlich bedenken, dass es viel sinnvoller ist, ein Themengebiet zu wählen, auf dem man sein gegebenes Potenzial bestmöglich nutzen kann. Mit meinen körperlichen Gegebenheiten etwa kann ich im Fitnessstudio noch eine Menge

„rausholen", wenn ich aber als Ziel annehmen würde, Profi-Bodybuilder zu werden, würde ich mich ganz schön quälen und der Erfolg bliebe definitiv aus. Wenn ich also berufsbedingt etwas durchziehen muss, das mir eigentlich nicht so richtig liegt, kann ich, wie gesagt, einiges aus mir herausholen, das ansonsten verborgen bliebe. Wenn ich es mir jedoch aussuchen kann, dann mache ich doch das, was ich von Grund auf schon gut kann.

So weit, so gut, wo aber liegt denn mein Potenzial? Das beantwortet sich dann sehr einfach, wenn die Motivation die richtige ist. Wenn ich erfolgreich werden will, um andere zu beeindrucken, komme ich auf andere Ideen, als wenn ich damit reich werden will oder mir damit Zuneigung erkaufen möchte. In keinem dieser Fälle geht man wirklich auf sich selbst ein. Man ist damit beschäftigt, zu überlegen, was die anderen von einem wollen.

Mich interessiert mittlerweile nicht mehr, was die andern wollen, es interessiert mich, was *ich* will. Wenn ich ein Buch schreibe, überlege ich nicht, was der Leser (wer auch immer das sein mag) von mir will – ich schreibe das Buch so, dass es mein Lieblingsbuch wird. Es muss in erster Linie mir gefallen. Wenn ich jetzt davon ausgehe, dass mein Geschmack nicht vollkommen absurd ist, muss es folglich ja noch genügend andere Menschen geben, denen mein Buch ebenfalls gefällt.

So einfach dies klingt, so schwierig kann die Umsetzung sein. Nicht jeder ist gewohnt, so zu denken, denn wenn man weiß, wie unsere Instinkte funktionieren, wird auch klar, warum. Um im Rudel zu bestehen, musste man den Anforderungen der anderen genügen. Man musste also ständig überlegen und überprüfen, was die anderen von einem wollten. Da aber mein Rudel, wenn es zum Beispiel um den Buchverkauf geht, einhundertdreißig Millionen Menschen einschließt, denke ich natürlich ganz anders. Ich mache das, was ich am besten kann, und stelle es zur Verfügung. Ich mache einfach genau mein Ding! Dann müssen mich aus diesem „Rudel" nur genügend Menschen finden, die in dieser Hinsicht genau so empfinden wie ich. Und das ist bei der gegebenen Anzahl von Menschen ja nicht sehr schwierig. So lebe ich mein Potenzial bestmöglich aus, habe Spaß an meiner Arbeit und immer genau die Menschen in meinem Umfeld, die ähnlich denken wie ich. Es ist wirklich so einfach. Mit dieser Methode schreckst du nebenbei auch die Menschen ab, mit denen du selbst auch nichts anfangen könntest – es ist wie eine natürliche Auslese in deinem Umfeld.

Ganz klar, auf Grund meines ersten Buches haben viele Menschen meine Seminare besucht, viele aber auch gerade deswegen nicht. Diese wären ohne das Buch vielleicht sogar gekommen. Doch was will ich denn? Wie definiere ich denn Erfolg? Dass ich mehr Teilnehmer habe als andere? Dass ich mehr Geld verdiene? Nein, für mich bedeutet Erfolg, dass ich für die Richtigen der Richtige bin und gemeinsam mit diesen Menschen ein Seminar gestalte, durch das die Welt ein wenig ins Schwanken gerät. Wenn ich sehe, wie sich die Menschen verändern, wie sie immer seltener sich und andere ablehnen, wie sie immer glücklicher und erfolgreicher werden, bin ich nach meiner Definition erfolgreich.

Wenn du einen Witz erzählst, achte darauf, dass wenigstens du dich darüber kaputtlachen kannst. Dann musst du nur noch ein paar Leute finden, deren Humor genau so schräg ist wie deiner, und du bist ein guter Witzerzähler.
Wenn du etwas tust, tu es für dich und dann mit ganzem Herzen. Sollte es dann trotzdem in die Hose gehen, hast du immer noch mindestens einen Fan – dich!

8. Das Tagesmotto zum Erfolg

„Es gibt nichts Gutes, außer man tut es“, sagte bereits Erich Kästner. Ich denke, es ist klar geworden, dass sich ohne gezieltes Training nichts verändern würde. Aber ich denke auch, dass du am Ball bleiben wirst. Um dir abschließend hierfür noch eine einfache Möglichkeit an die Hand zu geben, habe ich ein paar Themen aufgeschrieben, die du als Tagesmotto nutzen kannst. Nimm dir einfach jeden Tag ein beliebiges Thema vor:

Passen

Warum passt er / sie zu mir?

Frage dich heute bei jedem, der in dein Leben tritt, woran du erkennst, dass er/sie gerade zu dir passt.

Durch diese Fragestellung wirst du auf die Erfüllungsmerkmale achten. Du wirst feststellen, wie viele Menschen in Wirklichkeit in dein Leben passen.

„Warum passt ... gerade in diesem Moment zu mir?“, ist die entscheidende Frage.

Lass dabei alle bisherigen Maßstäbe außer Acht. Nicht jeder ist ein potenzieller Partner, aber jeder kann eine Bereicherung sein.

Mögen

Suche heute bitte nach Menschen, die du magst. Achte dabei auf Gemeinsamkeiten und ergänzenden Eigenschaften. Mit wem stimmt einfach die „Chemie"?

Erwünscht sein

Woran erkennst du, dass du erwünscht bist? Versuche einmal bei jedem, dem dir begegnet, zu hinterfragen, woran du erkennen kannst, dass du bei dem anderen erwünscht bist. Wer interessiert sich für dich, oder wer will dich dabeihaben? Glaub mir, allein sich diese Frage zu stellen bringt bereits Glücksgefühle.
Also, die Frage lautet: „Woran kann ich erkennen, dass ich bei ... erwünscht bin?".

Schutz

Mein Leben ist so sicher wie nie zuvor!

Um dein „Angstsystem“ langfristig zu beruhigen, solltest du eine realistische Einschätzung für dein Leben bekommen. Dazu stell dir in allen Situationen, die dir heute begegnen, die Frage:
„Woran kann ich erkennen, dass mein Leben momentan sicher ist?“
Tatsächlich haben wir versteckte Todesängste. Wir haben Angst, erschlagen zu werden, nur weil wir in das Büro unseres Chefs gerufen werden. Diese Ängste werden von unseren Instinkten aufgerufen, und unser Unterbewusstsein erzeugt dann dementsprechende Gefühle. In der heutigen Zeit besteht kaum noch eine Gefahr. Wenn wir nur noch dann Angst haben, wenn es aus heutiger Sicht gerechtfertigt ist, ist unser Leben deutlich sicherer, glücklicher und entspannter. Sicherer deshalb, weil wir mehr Kapazität für die wirklichen Gefahren haben.

Existenzsicherheit

Meine Existenz ist sicher!
Mach dir heute bitte klar, dass du immer genug zu essen und zu trinken hast und dass du auch immer einen Platz zum Schlafen finden wirst.

Neuzeitdenken

Ich kann immer glücklich sein, wenn ich will!
Werde dir bewusst, dass man in der Neuzeit, also heute, zu jeder Zeit glücklich sein kann. Vergleiche bitte einmal dein Leben mit dem Leben eines Steinzeitmenschen, der ständig um sein Leben kämpfen musste.

Steinzeitspiele

Drohungen sind nur Spiele.
Drohungen hatten in der Steinzeit ihre Bedeutung. Heute sind sie lächerlich. Erkenne sie als eine merkwürdige oder gar kindliche Art, einen Wunsch zu äußern.

Freiheit

Niemand kann mich unterordnen!
Man kann sich nur selbst unterordnen oder gar erniedrigen. Deshalb musst du dich auch nicht gegen Unterdrückung wehren.

Man kann mich nicht überordnen!

Ich bin nicht verantwortlich für das Glück anderer, und niemand kann mir diese Last aufzwingen.

Interessant

Ich bin ein interessanter Mensch!
Wenn du dich um dein eigenes Glück kümmerst, ist es nicht mehr nötig, dich anzustrengen, um anderen zu gefallen. Du bist ganz automatisch für genau die richtigen Menschen interessant, wenn du einfach du tust, was dir entspricht.

Zuneigung / Anerkennung

Frage dich heute bitte, ob du mit dem, was du tust, Zuneigung oder Anerkennung ernten möchtest. Zuneigung bekommst du für das, was du bist, Anerkennung für das, was du tust.

Emotionaler Schutz

Ich bin emotional geschützt!
Wenn du dich auf deine Gefühle konzentrierst, kann dich niemand mehr verletzen. Das ginge

nur, wenn du dein Glück von dem anderen abhängig machen würdest. Werde dir also bewusst, dass du deine Gefühle selbst machst und dass du zu jeder Zeit entscheiden kannst, ob du dich verletzt fühlen möchtest oder nicht. Es liegt in deiner Hand.

Grenzen

Meine Grenzen werden respektiert!
Werde dir deiner Grenzen bewusst und steh dazu. Bleib in deinem guten Gefühl und bestimme trotzdem deine Grenzen.

Das Leben ist schön

Achte heute darauf, was der Tag dir alles bietet. Erlebe die Fülle an Möglichkeiten, Glücksgefühle zu bekommen.

Schauspielern

Tu heute einmal so, als ob du glücklich / souverän / stark / attraktiv oder was auch immer wärst. Anfangs wird dir das noch ein wenig komisch vorkommen, aber dann gleicht sich dein Unterbewusstsein deinem Bewusstsein an, und damit fühlst du dich dann genau so, wie du es haben wolltest.

Ziele

Setze dir erreichbare und von dir selbst erfüllbare Ziele und strebe sie an. Mach dein Glück nicht vom Erreichen dieser Ziele abhängig, aber mache sie so wichtig, dass du den Antrieb spürst.

Genuss

Genieße den Tag!
Lebe heute einmal im Hier und Jetzt. Genieße dein Leben und dich.

Zufriedenheit

Sei zufrieden mit dir!
Denke bitte einmal an deine Vergangenheit. Lehn dich zurück und sei so richtig zufrieden mit dem, was du bereits erreicht hast.

Stolz

Sei stolz auf dich!
Was hast du besonders gut hinbekommen? Sei stolz darauf.

Selbstwert

Sei es dir wert!
Mach dich heute einmal so richtig schön und decke auch den Tisch wie für ein Date – für dich und nur für dich, denn du bist es dir wert.

Positivliste

Was an dir ist toll?
Erstelle eine Liste mit deinen positiven Eigenschaften und Fähigkeiten bzw. ergänze diese.

Gefühlsproduktion

Produziere heute ein Gefühl deiner Wahl mit der in diesem Buch beschriebenen Technik (siehe Zusammenfassung im Anschluss an dieses Kapitel) und steigere dich damit so weit wie möglich in das Gefühl hinein.

Wünsche

Habe Wünsche!
Wünsche und Träume sind wichtig, solange du dein Glück nicht von ihrer Erfüllung abhängig machst.

Visualisiere

Visualisiere heute dein Ziel mit allen guten Gefühlen, als hättest du es bereits erreicht.

Erinnerung

Welches Gefühl hättest du jetzt gerne? Erinnere dich an eine Situation, in der du dieses Gefühl hattest, so genau du kannst, und steigere dich in dieses Gefühl hinein.

Freundschaft

Was ist toll an meinem Partner / Freund?
Erstelle eine Liste mit den positiven Eigenschaften und Fähigkeiten bzw. ergänze diese.

Voraussetzung

Du hast alles, was du zum Glücklichsein benötigst.

Stell dir einen Wecker so, dass er alle fünf Minuten klingelt, und erinnere dich dann jedes Mal daran, dass du wirklich alles hast, was zu zum Glücklichsein brauchst.

Hineinsteigern

Steigere dich hinein.

Nimm dir einen Menschen oder einen Gegenstand und achte auf das Schöne an ihm. Gehe jede Facette durch – Schritt für Schritt.

Iss bewusst

Feiere alles, was du heute zu dir nimmst. Nimm jeden einzelnen Bissen bewusst wahr. Freu dich schon bei der Zubereitung darauf, wie es dir schmecken und wie gut es dir bekommen wird.

Feiere deine Erfolge

Wenn zum Beispiel Essen Belohnungsgefühle auslöst und eine Diät Frust, wundert mich der

Misserfolg nicht. Feiere lieber richtig übertrieben, wie toll es ist, weniger gegessen zu haben. Das macht Belohnungsgefühle, die man ständig haben will. (Dieses Thema nicht auf Essen beschränken)

Offenheit

Sei offen und ehrlich anderen und im Speziellen dir selbst gegenüber.

Freiheit

Werde dir klar darüber, dass du immer tun und lassen kannst, was du willst. Du musst lediglich die Konsequenzen tragen. Aber niemand kann dich zu etwas zwingen!

Wer ist es dir wert, dass es dir schlecht geht?

Überlege dir einmal, für wen du bereit bist, dir schlechte Gefühle zu machen. Hat sich derjenige dies wirklich verdient? Und habt ihr beide wirklich etwas davon?

Kreativität

Heute ist dein kreativer Tag. Überlege dir bitte, wie du deine Kreativität ausleben könntest. Dies ist ein Teil von dir, den du fördern solltest.

Individualität

Individualität ist das Gegenteil von Abhängigkeit. Lebe deine Bedürfnisse und nicht die der anderen.

Geborgenheit

Kannst du wahrnehmen, wie geborgen du in Wirklichkeit bist? Versuche eine innere Geborgenheit zu spüren.

Gelassenheit

Nimm heute nicht alles so schwer. Sei ein wenig wie Balu der Bär: „Probier's mal mit Gemütlichkeit, mit Ruhe und Gemütlichkeit ..."

Wachstum

Gehe einmal deine Vergangenheit durch und erkenne, wie sehr du schon gewachsen bist, und stell dir dann vor, wie du noch wachsen wirst.

Entspannung

Nimm dir heute einmal 30 Minuten Zeit zur Entspannung. Entspanne deinen Körper und deinen Geist. In der Hektik vergessen wir oft, dass unser Körper zum Ausgleich ab und an etwas Entspannung benötigt.
Selbst wenn wir nur schöne Dinge tun würden, dürften wir nicht vergessen, dass wir natürlich auch Ruhe benötigen – eine entspannende Zufriedenheit. Wer immer nur Zielen hinterherrennt, wer ständig in der Lust und Euphorie lebt, braucht sich nicht zu wundern, wenn irgendwann der Akku leer ist. Wir haben dann zwar ständig Glücksgefühle, fühlen uns jedoch ausgebrannt, leer, verspannt oder antriebslos. Deshalb solltest du dir regelmäßig auch einmal Ruhe gönnen. Gerade die Abwechslung zwischen Ruhe und positivem Stress ist es, was das Leben interessant und rund macht.

Prioritäten

Hinterfrage heute bei allem, was du erledigen willst: „Was sollte ich als Erstes tun?", und antworte mit: „Mich um meine Glücksgefühle kümmern!". Es geht hierbei nicht darum, Glück als Priorität zu sehen, sondern sich daran zu gewöhnen, bevor man etwas anderes beginnt, erst einmal Glücksgefühle entstehen zu lassen. Damit geht dir dann alles viel leichter von der Hand.

Fühle dich reich

Überlege dir bitte, was du zum Überleben und zum Glücklichsein wirklich benötigst. Gehe tief in dieses Gefühl hinein. Und jetzt betrachte bitte, was du alles hast. Erkenne die Fülle, die dir dein Leben bietet.

Intuition

Achte heute bitte einmal auf deine innere Stimme. Siehe diese Stimme wie einen Ratgeber. Du solltest ihr nicht dein Leben anvertrauen, sondern sie nur um Rat fragen.

Freude

Freue dich doch einmal wieder so richtig wie ein Kind. Wenn du dir vornimmst, dich freuen zu wollen, wirst du auch einen Grund zur Freude finden. Auch Vorfreude ist ein sehr intensives Glücksgefühl.

Spiel

Betrachte dein Leben heute einmal wie ein Spiel. Wenn du zum Beispiel „Mensch ärgere dich nicht“ spielst, bringst du dich ja auch künstlich in Zwänge, ohne die dieses Spiel langweilig wäre. Nur weißt du hierbei zu jeder Zeit, dass dies nur ein Spiel ist. In deinem Leben vergisst du manchmal, dass deine Zwänge auch nur künstlich auferlegt sind. Betrachte sie als sportliche Herausforderung und nicht als Problem.

Vertrauen

Kannst du dir und deinem Leben vertrauen? Versuche bitte, dem Leben etwas mehr Vertrauen zu schenken.

Heilung

Werde dir deiner Selbstheilungskräfte bewusst. Wenn du dich um dein Glück kümmerst und Glücksgefühle Priorität in deinem Leben haben, laufen deine Selbstheilungskräfte zur Höchstform auf.

Humor

Wann hast du das letzte Mal herzhaft gelacht? Wäre es nicht an der Zeit? Nimm dir heute vor, Spaß zu suchen und auszukosten.

Weiterentwicklung

Was tust du gezielt für deine persönliche Weiterentwicklung? Ist es nicht mal wieder an der Zeit, sich ein wenig damit auseinander zu setzen?

Verbundenheit

Pflege deine Freundschaften oder sei heute sogar offen für neue Kontakte. Verbundenheit ist ein wunderschönes Gefühl. Spüre bei diesen Kontakten dein Verbundenheitsgefühl. Selbst wenn du nur zum Bäcker gehst, spüre die Verbundenheit. Werde dir über Gemeinsamkeiten klar, über Ähnlichkeiten, über gemeinsame Ziele.

Ausstrahlung

Sei glücklich und zeige es! Die Welt soll ruhig sehen, wie gut es dir geht. Damit wirst du viele in deinen Bann ziehen.

Authentizität

Sei wie du bist. Versuche nicht, dich so zu verhalten, wie du glaubst, dass andere dich haben wollen. Das ist viel zu kompliziert und Kräfteraubend. Woher weißt du denn, wie die anderen dich haben wollen? Wenn du dich so gibst, wie du bist, ist es wesentlich weniger anstrengend, und du ziehst genau die Leute an, die bestmöglich zu dir passen.

Klärung

Liegt in dir noch etwas im Argen? Müsstest du etwas klären, was du schon lange vor dir herschiebst? Dies belastet natürlich unnötig, denn irgendwann muss es ja sowieso geklärt werden. Heute ist der richtige Tag dafür.

Harmonie

Versuche heute, etwas mehr Harmonie in dein Leben zu bringen.

Präsenz

Zeige dich heute einmal in voller Größe.

Geduld

Wenn dein Leben heute noch nicht zu hundert Prozent glücklich verläuft und du deine Ziele noch nicht erreicht hast, benötigt dies vielleicht einfach noch ein wenig Zeit. Mach dir klar, dass du alle Zeit der Welt hast – niemand kann dich drängen.

Anerkennung

Gib heute bitte den Menschen, die dir etwas bedeuten, Anerkennung. Oft zeigen wir unseren Mitmenschen nur ihre „Fehler“ auf – nur das, was uns an ihnen stört. Weiß denn auch jeder deiner Freunde, was du an ihm schätzt?

Leichtigkeit

Achte heute bitte darauf, was dir leicht von der Hand geht. Nimm dies bewusst wahr und genieße es.

Zuhören

Manchmal ist das, was uns andere zu sagen haben, sehr bedeutend für unser Leben. Höre heute bitte einmal genauer hin, was dir deine Mitmenschen zu sagen haben.

9. Zusammenfassung

So, nun hast du einiges über die Funktionsweise deines Gehirns und deiner Gefühle erfahren, und du hast einige Techniken an der Hand, mit denen du dir selbst eine emotionale Basis für ein erfolgreiches und glückliches Leben schaffen kannst. Um es für dich ein wenig übersichtlicher zu machen, fasse ich die drei wichtigsten Techniken an dieser Stelle noch einmal zusammen:

Erfüllungsmerkmale

Die erste Methode, die wir besprochen haben, ist die, auf Erfüllungsmerkmale zu achten. Wie wir wissen, benötigen wir als Basis ein Verbundenheitsgefühl und Freude. Nehmen wir an dieser Stelle einfach das Verbundenheitsgefühl:

Denk bitte einmal an jemanden, den du magst oder, besser noch, liebst. Das kann natürlich dein Partner oder deine Tochter sein, ein guter Freund oder auch deine Katze. Es ist nicht wichtig – Hauptsache du magst denjenigen.

- Was magst du besonders an dieser Person?
- Sein Wesen?
- Seinen Charakter?
- Seinen Humor)
- Seine Augen?
- Seine Hilfsbereitschaft?
- was magst du besonders an ihm?
- Welche Gemeinsamkeiten habt ihr?
- Den gleichen Musikgeschmack?
- Die gleichen Ziele?
- Das gleiche Hobby?
- Wo ergänzt ihr euch?
- Ist einer von euch beiden extrovertiert und der andere introvertiert?
- Ist der eine humorvoll und der andere lacht gerne?
- Spürst du nun, wie du anfängst, diese Person zu mögen?
- Mag diese Person dich vielleicht auch?
- Welche Hinweise hat er dir dafür geliefert?
- Hat er Interesse an dir gezeigt?
- Interesse an deiner Person?
- Ist er auch gerne mit dir zusammen?
- Woran erkennst du das?

Gehe diese Erfüllungsmerkmale so detailliert wie möglich durch und finde weitere.

Die Stabilisierungstechnik

Wenn du vor deinem großen Ereignis stehst, gehe die Situation mit folgender Fragetechnik durch, um dadurch deinen Instinkten klar zu machen, wie die Welt von heute wirklich aussieht:

- Kommt dein Leben durch diese Situation in Gefahr?
- Besteht die Gefahr, dass du deswegen verhungern könntest?
- Und wenn du es total verhaust, warum wirst du deswegen trotzdem nicht verhungern?
- Es ist also sicher, dass du tatsächlich nicht verhungern wirst.
- Besteht aber die Gefahr, dass du erfrieren könntest?
- Blödsinn, oder?
- Du wirst also wegen dieses Ereignisses auch nicht erfrieren.

- Erschlagen? Wird dich jemand bei diesem Ereignis erschlagen?
- Natürlich nicht, stimmt's?
- Dabei ist noch niemand erschlagen worden, folglich wirst auch du nicht erschlagen werden.
- Wie du siehst, ist dein Leben nicht in Gefahr.
- Kann aber dein Glück durch dieses Ereignis in Gefahr geraten?
- Besteht die Möglichkeit, dass du niemanden mehr mögen kannst?
- Natürlich besteht diese Gefahr nicht. Es gibt immer genügend Menschen, die du mögen kannst.
- Auch wenn du dieses Ereignis vollkommen versemmelst, du kannst genügend Menschen mögen.
- Wer fällt dir hierzu ein?
- Werden diese Menschen dich auch noch mögen, egal, was bei diesem Ereignis geschieht?
- Und wird es auch wieder einen Tag geben, an dem du dich wieder freuen kannst, egal, was geschieht?

- Über was zum Beispiel wirst du dich wieder freuen können?
- Und genießen, wirst du auch wieder genießen können?
- Was zum Beispiel?
- Wie du siehst, wirst du durch dieses Ereignis, was auch immer geschieht, dein Glück nicht verlieren.
- Dein Leben und dein Glück geraten also nicht in Gefahr.

Die Gefühlsproduktion

Nimm dir das Gefühl vor, das du gerade haben möchtest. Kannst du dich an eine Situation erinnern, in der du dieses Gefühl bereits hattest? Erinnere dich bitte so genau wie möglich daran.

- Was hast du gesehen?
- Was hast du gehört?
- Was hast du damals gesagt?
- Was hast du gespürt?
- Kannst du dich auch an das Gefühl erinnern, das du damals hattest?
- Wo in deinem Körper hast du es gespürt?
- Eher auf dem Kopf?

- Oder an der Stirn?
- Im Hals?
- Oder in der Brust?
- Im Magen?
- Oder eher im Unterbauch?
- Wo spürtest du damals dieses Gefühl?
- War es eher warm oder eher kühl?
- Elastisch oder starr?
- Energetisch oder ruhig?
- Hatte es eine Farbe vor deinem inneren Auge?
- Wie hell war dieses Gefühl?
- Lass dieses Gefühl nun bitte ein wenig wachsen,
- und noch ein bisschen wachsen,
- immer weiter wachsen lassen.
- Ganz langsam, aber stetig.
- Spiele nun ein wenig mit der Wärme.
- Mach es wärmer und achte dabei darauf, wie sich dein Gefühl dabei verändert.
- Stell die Wärme nun bitte so ein, dass dein Gefühl der Liebe oder Verbundenheit dabei möglichst stark wird.
- Lass dieses Körpergefühl nun noch ein wenig wachsen.

- So weit, bis der ganze Körperbereich, in dem es sich befindet, damit ausgefüllt wird.
- Von hier aus lass nun deinen ganzen Körper mit diesem Gefühl durchfluten.
- Die Arme,
- die Beine,
- den Kopf,
- jedes Organ.
- Und nun jede Zelle deines Körpers.
- Bleibe bitte in diesem Gefühl und visualisiere nun einen Regler mit einer Skala von null bis zehn.
- Ist dies ein Drehregler oder ein Schieberegler?
- Dieser Regler ist direkt mit deinem Gefühl der Verbundenheit oder Liebe verknüpft. Die Reglerstellung null bedeutet neutral, und zehn bedeutet bedingungslose Liebe.
- Auf welcher Zahl steht der Regler gerade?
- Drehe oder schiebe ihn ein wenig höher und achte dabei auf dein Gefühl.
- Nun drehe oder schiebe ihn wieder etwas hinunter. Wird dein Gefühl schwächer?

- Justiere ihn nun bitte langsam aber stetig auf drei. Wie geht es dir jetzt?
- Nun bitte langsam aber stetig bis auf sieben erhöhen.
- Acht,
- neun!

Lehne dich nun zurück und genieße dieses wunderschöne Gefühl.

Mit dem folgenden Zitat von Robert Anton Wilson wünsche ich dir ein glückliches und erfolgreiches Leben:

„Wir alle sind Riesen, die zu Zwergen erzogen wurden."

Thomas

10. Seminare und Beratungen

Hier ein Auszug meiner Angebote:

Seminare

Gefühle wie Ruhe, Zufriedenheit, Verbundenheit, Freude, Genuss und Spaß allesamt sehr intensiv zu erleben und dadurch nicht nur ein äußerst glücklicher Mensch zu werden, sondern auch noch kreativer, leistungsfähiger, charismatischer und gesünder zu werden, kann man mit einfachsten Übungen trainieren.

In dem zweitägigen Seminar lernst du, den Gipfel des Glücks zu erklimmen. Wir beginnen mit der Errichtung eines Basislagers. Dieses ist eine Art Souveränität, mit der du ab dann jegliche Lebenssituationen bestmöglich bewältigen kannst. Als Nächstes erlernst du eine äußerst einfache Methode, mit der du in kürzester Zeit aus Problemgefühlen Gefühle entstehen lassen kannst, die der Situation entsprechend angemessen sind. Mit dieser Basis kannst du also den Herausforderungen des Lebens in der besten Form entgegentreten, und du kannst auf diesem Fundament sehr viel leichter Glücksgefühle erleben.

Auch die versteckten Glücksmomente, die dein Leben bereits bietet, wahrzunehmen und bereits dadurch auf ein konstantes Glücksniveau zu kommen, das dir bis dahin nicht möglich erschien, ist Bestandteil des Seminars. Weiterhin erfährst du, wie du darauf basierend noch mehr Glück in dein Leben ziehen kannst.

Zu guter Letzt wirst du üben, unabhängig von den äußeren Umständen Gefühle in dir zu wecken und diese so weit zu verstärken, wie es dir beliebt.

Das ganze Seminar ist ein Trainingslager für ein glückliches Leben und dementsprechend lebhaft und abwechslungsreich gestaltet. Du lernst die effektivsten Methoden, wie du spielerisch und leicht dein Glückpotenzial voll ausschöpfen kannst.

Schulungen

Für Unternehmen und Ämter biete ich Schulungen zur emotionalen Stabilität und zur Nutzung des vollen Potenzials an.

Vorträge

Für Veranstaltungen und Kongresse biete ich themenspezifische Vorträge an. „Mein" Thema Glück und Erfolg verknüpfe ich hier mit dem speziellen Thema der Veranstaltung. In diesen Vorträgen vermittle ich die Aspekte meines Wissens, die für dieses Thema interessant sind. Und ich verspreche, dass es nicht zuletzt eine willkommene Auflockerung und Abwechslung sein wird.

Kinder- und Familientrainings gemeinsam mit Bärbel Mohr

„Was hätte ich nur für ein Leben gehabt, wenn ich das alles schon viel früher gewusst hätte?“, frage ich mich manchmal. Es wusste damals einfach noch niemand, dass und wie man Glück trainieren kann. Heute wissen wir es, und viele von uns tun es auch, und natürlich wollen wir auch unsere Kinder davon profitieren lassen.

Darum bieten Bärbel Mohr und ich gemeinsame Familientrainings für Eltern mit Kindern von 5 bis 12 Jahren an.

Einzelcoachings

Das Einzelcoaching dient dazu, ganz individuelle Trainingspläne für ein schönes beziehungsweise erfolgreiches Leben zu erstellen.

Dieses Coaching eignet sich für jeden, der bereit ist, sein Glück und seine Zukunft in die eigenen Hände zu nehmen. Es kann als einmaliger Anstoß genutzt werden oder auch als Wegbegleitung zu einem definierten Ziel.

Diese Art des Mentaltrainings ist für Menschen, die einem hohen Druck ausgesetzt sind, also zum Beispiel für Manager, Menschen, die in der Öffentlichkeit stehen, oder auch Hochleistungssportler, eine echte Unterstützung auf dem Weg zum persönlichen Erfolg.

Weitere Informationen und aktuelle Termine unter:

www.thomasklueh.de

oder telefonisch unter 06359 / 946323

11. Buchempfehlungen

„Mein Weg zum Glück"

In meinem ersten Buch: „Mein Weg zum Glück", führe ich den Leser Schritt für Schritt zu einer Umsetzungsübung, mit der man sein Leben innerhalb kürzester Zeit zum Glück ausrichten kann. Hierzu beschreibe ich meine Lebensgeschichte und zeige somit meine persönliche Entwicklung von der Kindheit bis heute auf.

Natürlich beschreibe ich auch sämtliche Fallen, in die ich auf diesem Weg tappte, denn es ist gewiss nicht notwendig, dass diese „Fehler" jeder macht. Auf das Thema Realitätsgestaltung gehe ich ebenfalls ein. Hier zeigt sich, dass viele ihr Glück vom Außen abhängig machen und dadurch einen gewaltigen Druck auf dieses Thema legen. Damit wird klar, dass dieser Schuss nach hinten losgehen wird.

Am Ende des Buches fasse ich die Umsetzungsübung auf fünf Seiten zusammen, sodass es wirklich einfach ist, diese durchzuführen. Im Anschluss daran habe ich noch ein kleines „Notfallprogramm" aufgeführt, mit dem man sich selbst sehr schnell wieder auf die Beine stellen kann, wenn man doch einmal abgestürzt sein sollte.

Ich hoffe, dass ich mit diesem Buch möglichst viele Menschen dabei unterstützen kann, ihren eigenen Weg zum Glück zu finden.

„Mein Weg zum Glück", Thomas Klüh
Rotblatt Verlag, 188 Seiten, 14,90 €
ISBN 3-937221-17-4

Des Weiteren sind meiner Meinung nach die Bücher von Ella Kensington absolut empfehlenswert für jeden, der sich für das Glück interessiert:

- Mary
- Mysterio
- Die Kammer des Wissens
- Die 7 Botschaften unserer Seele
- Die Glückstrainer
- Glücksmomente
- Glücksgefühle bis zum Abwinken

„Die Mohr-Methode“ von Bärbel Mohr und Clemens Maria Mohr möchte ich an dieser Stelle besonders hervorheben. Ich finde es sehr ansprechend und anschaulich geschrieben.
Auch „Erfolgsgedächtnis“ von Dr. Gunther Karsten gehört zu meinen Lieblingsbüchern. Gunther gibt in diesem Buch alle Gedächtnistechniken so weiter, dass man diese unmittelbar anwenden kann.

Die Bücher des Gehirnforschers Prof. Manfred Spitzer von der Universität Ulm sind ein Muss für jeden, der mehr über die Funktionsweise seines Gehirns lernen möchte.

In dem Buch „Die Entstehung der Realität", von Jörg Starkmuth wird auf leicht verständliche Art und Weise erklärt, wie unser Bewusstsein das erschafft, was wir als „Wirklichkeit“ erleben – ausgehend von der Physik (Quanten- und Relativitätstheorie) und unter Einbeziehung von Neurobiologie, Spiritualität und Glücksforschung.